JN081717

「国語」ってなんだろう

安田 敏朗
Yasuda Toshiaki

SHIMIZUSHOIN

凡例

○引用について

　原則として，かなづかいは原文のままとしたが，漢字は新字体に変更した。

　特記がある場合をのぞき，ふりがなは引用者がふった。

　句点は「。」，読点は「，」で統一した。

　「ゝ」はかな1文字，「ヽ」はカナ1文字の，「〱」はかな2文字のくりかえし記号。

　〔　〕内は引用者による補足を，〔……〕は中略を意味する。

　太字による強調は引用者による。

　現在不適切な用語があるが，資料性にかんがみ，訂正していない。

○引用参考文献について

　記述に関して参照した文献については当該箇所に注をつけて書誌を示した。

　引用文献については本文中に頁数もふくめて書誌を示した。

○敬称は略した

目次

はじめに——「歴史総合」なのに「国語」とは

本書は「歴史総合パートナーズ」というシリーズの1冊ですが，タイトルはなぜか『「国語」ってなんだろう』。「歴史総合」なのに「国語」。それこそ「なんだろう」ですね。

　まずは「歴史総合」の説明が必要です。「歴史総合」とは，2022年度から高校で必修となる科目で，近現代の日本史と世界史とを総合したもののようです。しかしたんなる足し算ではないようです。その内容を示した『高等学校学習指導要領』（文部科学省，2018年）をみてみます。学習指導要領とは，各教科で教育する内容を文部科学省が示したものですが，「歴史総合」について，たとえば「私たちの生活や身近な地域などに見られる諸事象を基に，それらが日本や日本周辺の地域及び世界の歴史とつながっていることを理解すること」とか，この「諸事象」を「近代化，国際秩序の変化や大衆化，グローバル化などの歴史の変化と関わらせて」，「諸事象と日本や日本周辺の地域及び世界の歴史との関連性について考察し，表現すること」が示されています。役所のつくった文書をありがたがるつもりはありません。ただ，多くの人は，国語って日本語のことでしょ，とか，学校の国語は文学作品を味わい，論説を読み，古典文法を丸おぼえするものでしょ，と考えているかもしれません。しかし，これから本書でみていくように，「国語」とは近代という歴史のなかで登場してきた，ことばのひとつのあり方です。ことばという「生活」に欠かせない「事象」が日本や世界とつながっていることを理解し，歴史との関連性について考えることが「歴史総合」的に考えることだ，とつなげることはできます。そうすると，「国語」は日本のなかだけで，あるいは日本語という文脈のなかで考えるだけでは終わらない広がりが出てきます。

　ところで，学習指導要領に「歴史とはなにか」という定義は書かれていません。

同様に,「国語とはなにか」という定義もありません。教科名だから別に定義は
いらない,ともいえますが,疑うことのない存在だとしたら,たちどまってじっ
くり考えてみる価値はあるでしょう。「歴史とはなにか」と同じくらいに,「国
語とはなにか」について考えることは,むずかしいしおもしろいと思います。
　なお,国語にカギカッコをつけたことは追々説明します。

1.「歌会始の儀」から考えてみよう
——多言語社会の問題として

「歌会始の儀」という宮中行事があります。「歌会始の儀」とは前年に宮内庁が公表したお題にもとづいて新年1月に，皇室メンバーをはじめ選ばれた歌人たちが短歌をつくり，独特の節をつけてそれ専門の人が詠みあげる行事です。宮内庁のホームページによれば「皇室と国民の心を親しく結ぶもの」で「誠に喜ばしいこと」なのだそうですが，それは一般から募集した歌のなかで優秀とされたものを「選歌」として1879年から皇室メンバーたちの短歌と同じ場所で披露しているからでしょう（一般から募集しはじめたのは1874年とのこと）。「皇室と国民の心を親しく結ぶもの」としての短歌という位置づけです。

『万葉集』は日本最古の歌集ですが，天皇から名もない庶民の歌までおさめたものなので「国民歌集」なのである，とされたのは明治時代のことでしたが[※1]，この位置づけと「歌会始の儀」の位置づけはみごとに一致します。

さて，2018年1月の「歌会始の儀」のお題は「語」でした。短歌をつくるのはさほど身近なことではありませんが，このときの一般応募は20,453首あったそうです。そのなかから10首が「選歌」となるのですが，「選歌」には12歳中学生の作品もありました。2万首を多いととらえてよいかわかりませんが，老若男女という点で「国民こぞって」感はあるでしょう。ともあれ，その10首のうちにこのようなものがありました。

　　　多言語の問診票を試作して聴くことの意味自らに問ふ

つくったのは神奈川県の30代看護師。「多言語の問診票を試作」したのは，

※1　詳しくは品田悦一『万葉集の発明──国民国家と文化装置としての古典』（新曜社, 2001年, 新版, 2019年）を参照。

おそらく勤務先には日本語で問診を十分にできない人びとが診察を受けにきているからでしょう。法務省の統計によれば，旅行などの短期滞在以外で日本にいる外国人は，2019年6月の統計では約280万人。実際にはもっと多くの人がいて，総数は今後多少の増減があるでしょう。

　これはつまり，日本語以外のことばを話す人が日本社会で増えていることを意味します。多言語社会になっている，とここではいいかえておきます。なぜ増えてきているのかを考えることは本書の目的と異なりますが，労働力不足をおぎなうために外国人をいきあたりばったりに受けいれてきた結果といってよいかもしれません。

　日本政府によって，たんなる労働力，期限がきたら帰ってもらう労働力とみなされている人びとも，日々はたらき生活していくなかで病気になることもケガをすることも当然あるでしょう。かりに病院にいけたとして，どこがどう悪いのかきちんと伝えることができるでしょうか。そうしたときに問診票が日本語以外の複数の言語——たとえばポルトガル語やタガログ語やベトナム語や中国語など——で書かれていたとすれば，不安がいくらかはやわらぐかもしれません。そしてこの短歌の作者は，問診票を多言語でつくる意味を「問う」とよみます。

　しかし，多言語で問診票をつくることのなにを問題としてとらえ，その答えはなんなのかは，この短歌のなかにはありません。もやもやした気分になりますね。もちろん，短歌という形式では十分に表現できないのでしょうけれども。

　ただ，「歌会始の儀」という場で日本が多言語社会であることを前提とした短歌が詠まれるのは，多言語状況がとくに珍しいことではないと思われるようになったため，とはいえるでしょう。

同じ2018年に「選歌」となったもう一首を紹介します。

　　　片言の日本語はなす娘らは坂多き町の工場を支ふ

　長野県70代の作です。「坂多き町」がどこかはわかりませんが，これはどう
いう光景をよんだものでしょうか。おそらく，外国人技能実習生として日本で
はたらく外国人女性たちが，「片言の日本語」で買い物などをしている光景で
しょう。外国人技能実習制度とは，外国人研修制度とともに1993年に制度化さ
れたもので，2010年に外国人技能実習制度に一本化されましたが，厚生労働省
によれば「我が国が先進国としての役割を果たしつつ国際社会との調和ある発
展を図っていくため，技能，技術又は知識の開発途上国等への移転を図り，開発
途上国等の経済発展を担う「人づくり」に協力することを目的」とした制度だ
そうです。実際には技能・技術・知識の移転どころではなく安い労働力として
酷使——「奴隷労働」ということばが適切なほどの——されることも多く，大
きな問題となっています※2。ここによまれた「娘ら」がどういった労働環境に
あるのか，どの国からきたのかもわかりませんが，たぶん長野県の「町の工場」
（これは「こうば」がよいでしょう）の貴重な労働力になっていることがわか
ります。「片言の日本語」で十分にはたらけるのか，などといったことが気にな
りますが，先の一首と同様にいま現在の日本がこうした社会となっていること
が広く認識された結果（その問題点がどれほど認識されているかはともかく）

※2　詳しくは出井康博『ルポ　ニッポン絶望工場』（講談社＋α新書，2016年），出井康博『移民ク
　　ライシス——偽装留学生，奴隷労働の最前線』（角川新書，2019年）などを参照。

として、「歌会始の儀」で詠まれるようになったのかもしれません。

　歌によまれるのはあくまでも「光景」であって、その背後にあるさまざまな事情や問題を作者の意図をこえて読解することが作品解釈として正当なのかはわかりませんが、いろいろと考えさせられます。

　ちょっと話がみえにくいかもしれません。ここで、こうした多言語社会のなかでの「国語」とはなんなのか、という問いを発してみます。そしてこの短歌にある「片言の**日本語**」に注目してみましょう。「片言の日本語」とは、完全ではなくたどたどしい日本語といった意味でよいでしょう。「片言の日本語」だって日本語にかわりないと思うのですが、ここを「片言の**国語**をはなす」といいかえることはできるでしょうか。ちょっとむずかしい感じがしませんか。国語という学校の教科目では、日本語によって表現されたものを解釈鑑賞し、日本語で表現するため、国語と日本語は同じものと思われがちです。しかし、「片言の国語」に違和感をおぼえるのはなぜでしょうか（「違和感ない」という人もいるかもしれませんが、とりあえずおつきあいください）。

　「片言」がそぐわないということは、国語とは「完全なもの」という前提があるからではないでしょうか。完全なもの、整備されたもの、そして美しく正しいもの。こうした前提が、人為的に、かつ近代以降つくられていったものとして本書では考えていきます。「つくられていく」過程や「つくられた」ものが変化していくことを「歴史総合」的に追うことで、「国語」ってなんだろう、の答えを導いていきたいと思います。そうしたものとしてカギカッコつきの「国語」を用いていきます。

　そしてもうひとつ。これ以降使用する資料はほとんどが男性によって書かれたものです。とくに意図して選んだわけではありません。「国語」が男性によっ

てつくられてきたことが，こうした形で明確になります。

2. まずは国語ということばを考えてみよう

国語ということば

　民俗学者・柳田国男（1875年～1962年）は1936年にこのように述べています。

　　"Kokugo" to iu Kotoba wa, atarasii Kango de arimasu. Kore ni ataru

　　Kotoba wa, hurui Nippongo no nakaniwa nai yôni omowaremasu.

　　(Yanagida-Kunio「Kokugo no Seityô ni tuite」『Rômazi Sekai』26巻1号,

　　1936年1月, 24頁[1])

　ローマ字ばかりですが, 内容はわかりますね。このようにローマ字で日本語を表記する背景を簡単に説明します。1885年に日本語をローマ字で表記することを目的として羅馬字会が結成されますが, 活動は尻すぼみとなります。その後1905年にローマ字拡め会（のちに, ローマ字ひろめ会）が結成され, 1909年には日本のろーま字社（のちに, 日本のローマ字社）ができます。両者はローマ字のつづり方をめぐって対立しますが, 柳田が書いたのは後者の会の雑誌です。ちなみにつづり方は, 前者がヘボン式ローマ字（現在日本のパスポートで姓名のローマ字表記の際に使われる方式）, 後者が日本式ローマ字（現在では訓令式ローマ字）です（上の引用のatarasiiとかtuiteと書くのが日本式, そうではなくatarashiiとかtsuiteとするのがヘボン式です）。いまではたんに読みにくいという印象だけをあたえてしまいますが, 明治時代にこうした活動をおこなっていた団体が登場したことは, のちの議論のためにもおぼえておいてくだ

※1　柳田は「やなぎた」と読むようですが, ここでは「やなぎだ」になっています。

さい。柳田は『遠野物語』(1910年),『蝸牛考』(1930年) など多数の著作で知られています。1935年には民間伝承の会（のちの日本民俗学会）を組織しています。そうした著名人の論考がローマ字で掲載されるような, たんなる同好の士のあつまりをこえた存在としてローマ字運動があったことも, おぼえておいてください[※2]。

ともあれ, 柳田がいうのは, 国語ということばは「新しい漢語」で「古い日本語のなかにはない」のでは, という指摘です。柳田自身の実感なのだろうと思いますし, えらい先生がいうのだからそうなのだろうと思います。しかし, 実際に用例を調べてみると,「新しい」とはいえない本にも登場します。

たとえば, 1799年刊行の大槻玄沢 (1757年〜1827年) の『蘭説弁惑』[※3] には, 頻繁に「和蘭国語にては〜といふ」という形で登場します。また「仏郎察というふ国語にて, 砂糖のことなり」「通詞〔通訳〕も口づから彼国語をいひ習ひ」ともあります。「〇〇国」の下に「語」がつくことで成立している単語のように思えます。ただ, これを「コクゴ」と発音したのかは確定できません。「クニコトバ」の可能性もあります。

その一方で, 国名の指定がない場合には, 日本のことばという意味も生じてきて, 読みも「コクゴ」でよいように思える例もあります。たとえば, 大槻の師のひとりである前野良沢 (1723年〜1803年) の『和蘭訳文略』(1770年代成立) の「題例」に,

凡, 蘭語, 皆国字ヲ以テ, コレヲ書ス。然シテ其上下, 国語ヲ以テコレニ接スル者ノ如キハ, 動バ輙チ錯誤シ易シ。因テ, 勾「画」ヲ加ヘテコレヲ防グ

（『日本思想体系　洋学　上』岩波書店, 1976年, 70頁）

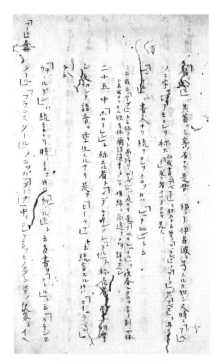

図1 『和蘭訳文略』草稿

とあります。これはたとえば「「アベセ」ハ其首ノ三字ノ名ナリ」という表記の
仕方に反映されています（同前，73頁）。ここでいう「国字」とはカタカナのこ
とですので，カタカナで「蘭語」（オランダ語）と「国語」（日本語）の両方を
記すと区別がしにくいため，オランダ語を「 」でくくって区別する，というこ

※2　ちなみに日本のローマ字社は現在も公益財団法人として活動しています。
※3　杉本つとむ解説『紅毛雑話・蘭説弁惑』八坂書房，1972年。

とです※4。この場合「アベセ」がオランダ語であることを示しています。「アベセ」はABCのことです（図1，1行目）。

　大槻玄沢も前野良沢も著名な蘭学者で医師であることが示唆^{し さ}しますが，こうした用例は，オランダ語を通じてヨーロッパの学問を受けいれようとした，蘭学関係の本によくみられます。つまり，オランダ語という外国語を意識するなかで，日本の「国語」という意識が生じてきたとみることもできます。

　ただ，このことばが蘭学関係以外の本でどのくらい一般的に使われていたかはわかりません。やはり，明治になってから柳田国男の感覚でいう「新しい漢語」として認識されるようになったのかもしれません。

辞書をひいてみる

　そこで，よく知られている辞書のひとつ，『広辞苑^{こう じ えん}』（新村出編，岩波書店）をひいてみます。

　　こく-ご【国語】①その国において公的なものとされている言語。その国の公用語。自国の言語。②日本語の別称。③漢語・外来語に対して，本来の日本語。和語。やまとことば。④国語科の略。　　　　　　　　（第7版，2018年）

　いろいろな意味が書かれています。①にあるように，まず「国」という存在が前提となっている点は忘れないでおきましょう。そして「公的なもの」とあります。そして「その国の公用語」ということは，国語とは日本国だけのものではないことを意味します。

　一方，日本国の国語としては日本語が相当する，ということで②の意味があ

らわれます。先の蘭学者たちの用例もここに入るでしょう。こうした意識は④
の学校教科目を通じて広まりました。しかし日本語の別称、としてしまうと①
にある「国」を前提とした意味と衝突します。国語ではない、つまり国家と関
係のない日本語も存在するからです。

　また、この国語ということば自体は漢字語ということもあって、現在の台湾
や大韓民国でも使われています。そしてベトナムではベトナム語のローマ字表
記のことを指すことばになっています。発音は「こくご」ではなく、それぞれ
の言語の漢字の発音、たとえば韓国では「クゴ」、ベトナムでは「クオックグー」
といった具合になります。ともあれ、それぞれの国家には国家の言語が存在す
ることをおさえておきましょう。

　ところで④についてですが、明治政府が1872年に学校教育制度を法律で「学
制」として定めたときには国語という教科はありませんでした。それからしば
らくして中等教育で1886年に「国語及漢文科」が登場します。さらにそのあ
と初等教育で1900年の小学校令改正時に、それまでの読書・作文・習字科を統
合した教科目としてようやく国語という教科目が登場します[5]。ただし、のち
の議論のためにつけくわえておけば、植民地とした台湾で1896年にすでに国語
という教科が登場し、そこで日本語の教育がなされていました。

　また、「日本」とはなにかということをつきつめていくと、漢語もふくめた「外

※4　いまでは漢字カタカナまじりの文章をみかけることはあまりありません。しかし、江戸時代か
　　ら明治時代にかけては、公的な文書などではよくみられました。漢文を訓読するときの訓点は
　　カタカナですね。やや格式ばった文章でカタカナは用いられていました。ところが、戦前まで
　　の初等教育教科書はカタカナからはじまるものが多いように、初歩の文字という位置づけに変
　　化していきました。この変化の背景を追うのも興味ぶかいと思います。

※5　詳しくは甲斐雄一郎『国語科の成立』（東洋館出版社、2008年）を参照。

来」の要素をとりのぞいたものが「本来の」日本語であり，それを国語と称するといった使い方も登場するようです。たとえば，和語のかなづかいを「国語仮名遣い」——「おもう」とか「にわ」とか——というような場合の「国語」に使われています。一方，漢字音のかなづかいを「字音仮名遣い」といいます。ただし，なにをもって「外来」とみなすのかの基準は一定ではありませんし，「本来の」とはどういうことなのかを考えていくとむずかしい問題がひそんでいます。そしてその答えはとりあえず『広辞苑』にはありません。

　このように，ここにあげられた四つの意味がそれぞれ独自に存在しているわけではありません。そしてまた辞書の意味がすべてでもありません。もちろん，辞書に載っているからといってそれが正しいものだ，と決めつけることもできません。辞書に載っていない意味もふくめて相互に連関していることを説明することが，「国語」ってなんだろう，の答えにつながっていきます。

教科目国語での定義

　ちなみに，先の1900年小学校令改正時の施行規則のなかに教科目としての国語についての説明があるのですが，その第3条では

> 国語ハ普通ノ言語，日常須知ノ文字 及 文章ヲ知ラシメ正確ニ思想ヲ表 彰スルノ能ヲ養ヒ兼テ智徳ヲ啓発スルヲ以テ要旨トス

とあります。国語という教科でなにを教えるかということですが，「普通ノ言語，日常須知〔知っておくべき〕ノ文字及文章」という想定がなされていることがわかります。「普通」とか「日常」といった点についての説明はありません。ま

た，ここの「思想」とは，心に思いうかべること，という意味で，いまとは異なっています。さらに，「智徳ヲ啓発スル」といった人格形成の目的もうたわれています。

　ついでに，現在一番新しい『小学校学習指導要領（2017年告示）』では教科目の国語の目標は以下のように記されています。

　　　言葉による見方・考え方を働かせ，言語活動を通して，国語で正確に理解し適切に表現する資質・能力を次のとおり育成することを目指す。
　　⑴　日常生活に必要な国語について，その特質を理解し適切に使うことができるようにする。
　　⑵　日常生活における人との関わりの中で伝え合う力を高め，思考力や想像力を養う。
　　⑶　言葉がもつよさを認識するとともに，言語感覚を養い，国語の大切さを自覚し，国語を尊重してその能力の向上を図る態度を養う。

　ふたつの文書に100年以上の時間差がありますが，だいたい似たような内容とみることもできます。先にも少しふれましたが，国語そのものの定義はありません。そして後者に「国語を尊重」するといったおしつけのような表現もあります。国語の定義がないのに，尊重すべき理由も説明せずに，どうして尊重できるのでしょう。こうしたことについても，考えていきたいと思います。

3. 制度としての「国語」ってなんだろう

公用語としての「国語」

　ではまず,『広辞苑』にいうところの公用語という点に注目します。公用語ということは,その国家を動かすさまざまな制度——行政(警察もふくむ)をはじめ,法律や教育,軍隊,あるいは電信,交通,メディアなど——を担うことばになります。少しいいかえれば,インフラストラクチャー(社会基盤,インフラ)としてのことば,といってよいでしょう。いまの日本には公用語法のような規定はありませんが,制度を担うということは,書かれたことばであることがとりあえず必要です[※1]。そして一定の表記法や標準が設定されていないと,制度は円滑に動きません。とすれば「片言の**国語**」といった場合の違和感もわかるでしょう。

　なお,表記法を定め,標準を設定していく作業は国家が主体となっておこなうことになります。言語政策とか国語政策と呼ばれるものです。言語政策は,「国語」以外の言語を対象とした政策もふくみます。したがって,言語政策の一部が国語政策となります。

国民をつくるということ

　こうした作業の根本には,近代国家の構成員である国民をもらさずに把握し,一体性と均質性——つまり,われわれは同じであるということ,表面上国民はみな平等であるということ——を求める考え方があります[※2]。こうした考え方

[※1]　しかし現在では,文字表記されない言語である手話がニュージーランドや大韓民国などでは公用語とされ,フィンランドやデンマーク,スウェーデン,ノルウェーなどでは公用語に準じるものとされています(それぞれの国に特有の手話があります)。

[※2]　もれなく把握するということは,国家にとって都合の悪い人びとを排除していく前提でもあります。そのときに使われるのが「非国民」ということばです。

は近代では普遍的であって、そのために、ひとつか2、3の公用語を選定し、国家のすみずみに普及浸透させる作業が、国家建設の理念にかかわらず、近代国家にとって不可欠となります[3]。

　国家がその構成員を把握し均質な国民としてつくりあげていく、と書くとイメージがわきにくいかもしれません。そこで少し視点をかえてみます。

　明治初期、1870年から74年にかけて日本に滞在して福井や東京で化学などを教えた、アメリカ人のグリフィス（William Elliot Griffis, 1843年〜1928年）が、1915年に刊行した"The Mikado: institution and person"には、

> 〔明治〕新政府には金がなく、日本には実質的統一がなく、普通の日本人には真の愛国心がなかった。どこの国の生まれかときかれれば、日本人の素直な返事は、その事情に応じて、「越前」とか「土佐」とか「薩摩」とかであった。個人的には、国家の意識は当時非常に弱かったのである。このようなばらばらの状態では、いつ内乱が起こるかわからなかった。
> （W.E.グリフィス（亀井俊介訳）『ミカド——日本の内なる力』岩波文庫、1995年、160頁）

と記されています。「普通の日本人」の「国家の意識」が弱く、とうてい「実質的統一」がある均質な国民とは、外国人の目にもみえなかったということです。短期間ですがグリフィスはアメリカの南北戦争（1861年〜1865年）で志願兵として戦った経験があるので、より一層敏感だったのかもしれません。こうした内乱になりかねない状態を解消するためにも、均質な国民をつくりだしていかなければなりませんでした。

その手段のひとつとして，学校教育があります。いま日本では国民の三大義務のひとつに教育があり，保護者はその子どもに教育を受けさせる義務があるとされていますが，すでに1872年の学制から義務教育がうたわれています（ただし，当初は授業料が必要なこともあり，男女差・地域差もあって就学率が9割程度になるのは1900年前後のことです。義務教育の年数も時代によって変化します）。そして，現在は文部科学省の検定に合格した教科書を用いて教育がなされますが，どういった国民をつくりあげたいか，という意図が示された学習指導要領に沿って教科書が編集されています。

　なお，学制発布当初は教科書不足で，文部省が教科書として推薦した一般向けの本などが使用されていましたが，1880年代には文部省による認可制度，検定制度となり，1900年代に国定制度に移行していきます。国家の関与が徐々に強まっていったわけです。

　教育とは人びとに可能性をひらく場でもありますが，一方で，なんとなくわかるかもしれませんが，試練の場でもあります。いまや学校にいくだけでさまざまなハラスメントにさらされる状況があるわけですが，もとをたどれば同一の教育を受けねばならないという近代という時代を生きる宿命にかかわる問題でもあります。可能性をひらく場であり，抑圧の場でもあるという，ふたつの側面があるわけです。そういう場から逃れたい，と思う人も多いでしょうが，国家に把握されることを拒否することは結構むずかしいと思います。しかし，すき

※3　たとえば「自由・平等・博愛」を国家理念にするフランスでも，国内の少数言語を抑圧するなかでフランス語の普及を強力におし進めていきます。近代国民国家建設とことばの問題は，世界史的視点から考えることができます。詳しくは田中克彦『ことばと国家』（岩波新書，1981年）などを参照。

このんで国民になるわけではない，という視点ももっておいてください。それは，むりやり国民にさせられることもある，という視点へとつながるでしょう。

　このような教科書を書くことばのほかにも，軍隊を動かすことば，法律を書くことばなどとして「国語」は整備される必要がありました。書かれたことばは国民に等しく読まれなければなりませんし，大規模な動員を可能にするには，国民みなが聞いてわかり話せるようなことばがなければなりません。

　ところで，均質な国民をつくって国家はなにをしたいのでしょうか。まず考えられるのが戦争です。日本が徴兵制を導入したのは1873年の徴兵令からで，1945年まで存在しました。軍隊での訓練も，国民をつくるうえで大きな役割をはたしました。戦争とまでいわなくても，人びとをもれなく把握することは，広く動員することを可能にする前提です。

国民みなが読み書き話し聞くということ

　近代日本の場合，江戸幕府の支配地域をほぼひきつぐ形で明治政府が登場しましたが，幕藩体制を担う文章語はしっかりと存在していましたし，草双紙と総称される絵を中心とした簡単な読みものなどのなかでは，庶民の世界を活写する文体もみごとに開花していました。したがって，近代になって「国語」「国語」と騒ぐような問題ではない，と思われるかもしれません。しかし，近代以前の社会においては，文章語はだれでも理解できるものではなく，習得に一定の時間と労力をかけることができる特権的な階層のものといえました※4。それを理解できることが，政治・経済的に有利にはたらいていたといってもよいでしょう。そして，特定の階層に限定はされますが，それが書かれたことばである以上，地域には限定されない広がりをもちます。一方で話しことばは，いわゆる方言を

考えればわかりますが，地域によって異なり，さらに同じ地域でも階層によって異なってきます。

　しかし，近代においては国民としての把握と動員がめざされるので，円滑な制度の運用のためには，「国語」は，こうした地域差・階層差をこえたことばである必要があります。それが，国民みなが読み書き話し聞くことができるもの，ということがもつ意味です。

　しかし，そうしたことばは，存在するのでしょうか。

「会話」の教科書から

　1872年に学制を出した文部省は，翌年に「小学教則」という初等教育の指針を発表します。これは初等教育の教科の簡単な解説ですが，ことばに関する教科としては「綴字」「習字」「単語読方」「単語諳誦」「会話読方」「会話諳誦」といったものがあります（ふりがなは原文）。先述のように国語という教科目はまだ登場しません。そして国定教科書になるまでは，それぞれの教科に対応する教科書が民間でも編集されます。当然，「会話」に関する教科書も数多く出版されています。

　そのなかで，1874年に熊本で出版された『小学会話篇』（上羽勝衛編）をぱらぱらとみてみると，こんな「会話」がなされています。

　　　甘き物を。多く食ひて八。養生に宜く有りません。少しづゝ。御あがりなされ〇酒は。飲まぬ方が。宜く御座ります〇　　　　　　　　　（巻1　5章）

※4　日本の近世・近代の読み書きのあり方については川村肇『読み書きは人の生き方をどう変えた？』（清水書院，2018年）などを参照。

御尊父さんは。御幾つ〇五十歳で。御座ります〇私ハ。左様な。御歳とハ。思ひませんだつた〇余程。御若く。御座ります〇彼方の。友達の。何某君は。壮んで居ますか〇彼人ハ。昨年。死ました〇　　　　　　（巻2　13章）

　後半はちょっと衝撃的です。もともとふりがなはないので，少し意地悪をしてあえてふりませんでしたが，すらすらと読めましたか。そもそも，句読点がいまと異なりますね。小学生でこれを暗記して唱える授業があったわけです。

　気分よく晩酌をしているお父さんが，小学校に通いはじめた子どもから「酒は飲まぬ方がよろしくござります」なんていわれたら，さぞ驚いたことでしょう。そして「思ひませんだつた」というのも，熊本の人が考える東京っぽいことばの例のように思えます。もちろん「会話」に「コトバヅカヒ」というふりがながついているように，くだけすぎて失礼にならないような，という意味もあるでしょう。ともあれ，教科書を通じて，話すことばも同じにしようとする力があったことがわかります。一方で，実際に使っていないような話しことばであることにも注意してください[5]。

『沖縄対話』から

　明治政府があらたに組みこんだ領土のなかに沖縄があります。1872年に琉球王国を廃して琉球藩を設置し，その琉球藩を廃止して沖縄県を設置したのが1879年のことでした。この一連の「琉球処分」の翌年1880年に，沖縄県学務部が刊行したのが『沖縄対話』でした。

　先の『小学会話篇』には，ほほえましいところもありますが，この『沖縄対話』にはなかなかそうもいえないところがあります（図2）。

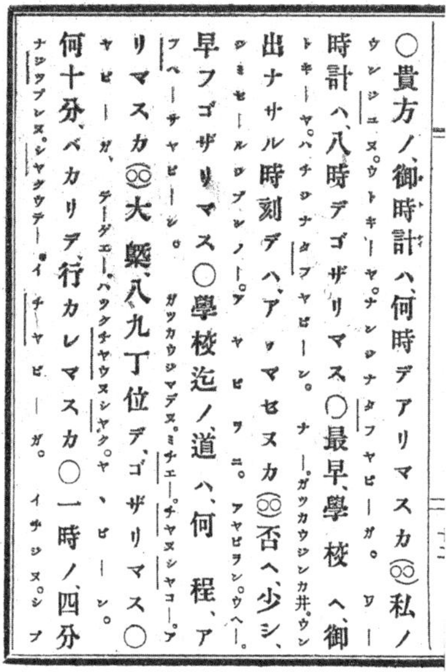

○貴方ノ、御時計ハ、何時デアリマスカ（〇〇）私ノ
ウンジユヌ。ウトキーヤ。ナンジナタフヤビーガ。ワー
時計ハ、八時デゴザリマス○最早、學校ヘ、御
トキーヤ。ハチジナタフヤビーン。ナー。ガツカウジンカ井。ウン
出ナサル時刻デハ、アリマセヌカ（〇〇）否ヘ、少シ、
ジミセールロブルノー。アヤビワニ。アヤビラン。ウヘー。
早フゴザリマス○學校迄ノ道ハ、何程、ア
フベーサヤビーシ。ガツカウジマデヌ。ミチエー。チヤヌシヤコー。ア
リマスカ（〇〇）大槩、八九丁位デ、ゴザリマス○
ヤビーガ、テーゲエー。ハツクチヤウヌシヤク。ヤビーン。
何十分、ベカリデ、行カレマスカ○一時ノ、四分
ナジツプンヌ。シヤクウテー。イチヤビーガ。イチジヌ。シブ

図2 『沖縄対話』 時刻をめぐる対話も興味ぶかいです。

○　明日ハ，何カ祭礼（マツリ）デモ，ゴザリマスカ

アチヤー。ヌーンマツリンデーヌ。アイガシヤービヲ。

（○○）ハイ，明日ハ，格別ノ祝日（イハヒビ）デ，ゴザリマス

ウー。アチヤー，カクビツヌヒー。ヤヽビーン。

○　ナルホド，天長節デ，ゴザリマスカ，其レデハ，余程，賑ハヒマシヤウ

ンー，テンチヤウシツガ。ヤヽビーヲ。アンセー。ドツト。ニジヤカヤヽ

ビーヲハヅ

※5　国立国会図書館のウェブページに国立国会図書館デジタルコレクションがあります（http://dl.ndl.go.jp/）。たとえば，この「会話」についての教科書として『小学会話篇』のほか，『日本会話篇』『童蒙（どうもう）会話篇』などが閲覧できます。

（『沖縄対話　下』沖縄県学務部，1880年，7丁裏〜8丁表，ふりがなは原文）[※6]

　これは○さんと（○○）さんとの対話で，図2で小さい活字になっていると
ころ，カタカナだけで書かれている行は，日本語による対話を琉球語訳したも
のです。あるいは琉球語を日本語に翻訳したといった方が正確かもしれません。
この日本語をみてみると，先の『小学会話篇』でのようなぎこちない話しこと
ばですね。このように沖縄の場合，対訳形式でないと効果がなかったともいえ
ます。

　もうひとつ見逃せないのが，「天長節」という「祝日」がわざわざ登場して
いることです。天長節は天皇の誕生日のことですが，つい10年ほどまえまで琉
球王国であった沖縄にとってなじみのない行事をこうしたテキストにいれこん
でくることは，きわめて政治的だということにも意識を向けてください。もち
ろん，日本でもまだそれほどなじんではいなかったのですが。

「作文」の教科書から

　次に書く方についてです。1879年に学制が廃止され，教育令が公布されます
が，翌1880年に教育令が改正されます。それをふまえて1881年に出された小
学校教則綱領の第11条に，「作文」科では「口上書類」や「日用書類」を書け
るようにせよ，とあります。つまり実用的な文章，この場合は決まった形の手紙
やあいさつ文が書けることが目標だったのです。経験したことや，思ったまま，
感じたままを自由に書く，といういまあるような作文教育のイメージとは異な
ります。

　では，この時期に出版された曽我部信雄・宮地森城編『小学中等作文稽古本』（梅原

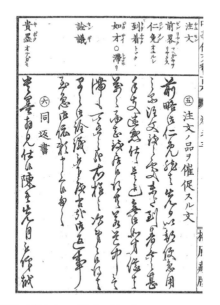

図3　『[[小學]]作文稽古本』「注文ノ品ヲ催促スル文」，草書体です。

亀七発行，1883年）をみてみます。その巻1の「凡例」には「此書ハ文部省小
学〔校〕教則綱領ニ基キ小学中学科**男子日用**ノ手紙文 及 諸届願書証 文ノ類ヲ
編輯ス」とあります。学校の教科書であるという位置づけです。具体的には，年
始之文，婚姻ヲ祝スル文，花見誘引之文，結婚届，病気見舞之文，注文ノ品ヲ催
促スル文，借地問合ノ文などが，楷書体やくずした字体によって印刷されてい
ます（図3）。そうしたなか，小中学生の利用を必ずしも念頭においていない文
例もみられるのは興味ぶかいです。たとえば，巻3に「離縁状」があります（「男
子日用」という点にも留意してください）。

※6　下線部分は「縮迫ノ語」だそうで，促音（たとえば「<u>ドット</u>」は「ドット」とつまって発音する），
　　　拗音（たとえば「<u>アチヤー</u>」は「アチャー」と発音する）で読め，ということ示しています。

其許儀何々ノ事故ニ付双方 熟 議之上離縁 致　候　依之何方へ縁組　候　共
異論無之　候 也

住所／年月日　元夫　何某／　同／媒人　何某／　何タレ殿

「何」などに具体的なものをいれればそのまま通用します。まさに定型文であり，まぁ，実用的，ともいえます。

ちなみに，この頭注には「何方　ドコヘデモ／　縁組　カタヅキヨメイリスル／異論　コゴトヤサシカマヒナド」（ふりがなは原文）などが記載されており，学校教育の場以外での利用も念頭においていたと思われます。

こうした「日用文」の例をみても，たとえば「候共」，「何方」といった書きことばと実際の話しことばとのちがいがわかります。

さらにその後，1890年の小学校令改正にともない作成された1891年の小学校教則大綱の第3条に「適当ナル言語及字句ヲ用ヒテ正確ニ思想ヲ表彰スルノ能ヲ養ヒ」という文言が登場します。このあたりから作文教育の目的が「正確ニ思想ヲ表彰スル」といういまにつながるものになっていきます。「書くこと」の目的が変化してきたといえます。

日本語は「国語」にふさわしかった？
── 森有礼と前島密の場合

ところで，国民みなが読み書き話し聞くことばが存在しない，ということを認識していた人もいました。幕末・明治初期の事例を少しみてみましょう。政治家・森有礼（1847年〜1889年）は1885年に内閣制度ができたときに初代文部大臣となる人物ですが，薩摩藩（現在の鹿児島県）出身の森は幕末にイギ

図4　森有礼

リス，そしてアメリカ合衆国で学び，明治になってからは初代駐米代理公使を
つとめるなど，外交でも活躍し，英語が堪能（たんのう）でした（図4）。その森が1873年に
アメリカで出版した"*Education in Japan : a series of letters addressed by
prominent Americans to Arinori Mori*"のなかで，簡易化された英語を日本の
「国語」にするべきだ，という主張をしています。簡易化された英語であれば，
日本国民みなが読み書き話し聞くことができる，というわけです。もちろん，そ
う簡単にものごとは運びませんが，副題にもあるように，その主張への著名な
アメリカ人たちの反応をあつめたのがこの著作です。

　注意したいのは，森が「日本語廃止論」を唱えたわけではなく，明治初期の
日本語では国家の諸制度を十分に担うことができないという意識があった点で
す。この本の序論で森は「知識の探求に熱心な，聡明（そうめい）な民族である我々は，西洋
の科学や芸術や宗教という貴重な宝庫から重要な諸々の真理を把握しようとす
る際に，貧弱で不確かな伝達媒体（ばいたい）〔日本語のこと〕に頼っていることはできない。

国家の諸法は決して日本の言語において保たれ得ない」[※7]と述べています。いまの日本語では国家の法は動かせない，文明開化ができない，というのです。

　また，前島密（1835年〜1919年）という人物がいます（図5）。近代日本の郵便制度を確立した人で，1871年3月に東京・大阪間で郵便配達を実施，2年後には全国均一料金を実現させます。現在の1円切手の人です。越後国（現在の新潟県）の豪農の家に生まれ，江戸でオランダ医学を学ぶなどしていますが，長崎滞在中にアメリカ聖公会の宣教師チャニング・ムーア・ウィリアムズ（Channing Moore Williams，1829年〜1910年）と出会っています[※8]。上海での宣教経験もあり中国語に堪能であったウィリアムズに，日本語の学習は困難で，日本の文明化には漢字廃止が不可欠だといわれた前島は，国家の基本は国民の教育にあり，教育の普及にはなるべく簡単な言語文字を使うべきだ，という建白「漢字御廃止之議」を1866年に時の将軍徳川慶喜（1837年〜1913年）に対しておこないました。そこでは，漢字を廃止し，話しことばと書きことばを一致させていくべきだ，と主張しています。

　しかし，制度が担えて簡便でより多くの人びとに理解される「国語」のためになにをするべきかという問いに対する森の提案も，前島の提案も，結局は実現しませんでした。

　森有礼も参加した明六社が刊行した『明六雑誌』[※9]でも，啓蒙思想家・西周（1829年〜1897年）が「洋字ヲ以テ国語ヲ書スルノ論」（第1号，1874年4月）を発表し，日本語をローマ字表記すれば，だれでも簡単に読み書きができ，西洋の文物も翻訳を経ずに導入できる，というようなことを主張していました。これも結局は実現しませんでした。ほかにも，ひらがな専用を主張する，かなのくわい（1883年発足）や，先にふれたローマ字専用を唱える羅馬字会（1885

図5　前島密

年発足）といった団体が登場しました。こうした運動もまた尻すぼみになります が，具体的な「国語」は模索のなかにあったことがうかがえます。

鉄道と電信と軍隊と

　具体的な制度の整備について追加しておきましょう。鉄道は，人や物の移動 を飛躍的に増大させました。明治政府は時期尚早（しょうそう）という反対論をおさえて，イ

※7　原文は，Our intelligent race, eager in the pursuit of knowledge, cannot depend upon a weak and uncertain medium of communication in its endeavor to grasp the principal truths from the precious treasury of Western science and art and religion. The laws of state can never be preserved in the language of Japan（『新修　森有礼全集』第5巻，文泉堂書店，1999年，186頁）。日本語訳は，長谷川精一『森有礼における国民的主体の創出』（思文閣出版，2007年，239頁）による。

※8　1866年に一度アメリカにもどったウィリアムズは，1869年に再来日，伝道をはじめ，のちに立教学院（現在の立教大学）などを創設します（大江満『宣教師ウィリアムズの伝道と生涯——幕末・明治米国聖公会の軌跡』（刀水書房，2000年）などを参照）。

※9　国立国語研究所のホームページの「日本語史研究資料」（dglb01.ninjal.ac.jp/ninjaldl）の画面から原本をみることができます。

ギリスから借金をして1872年に新橋・横浜間を開業させます。その後，1874年には大阪・神戸間，1877年には京都・神戸間が開業，1889年には新橋・神戸間の東海道線が開通します。また1881年に華族が中心となって出資した日本鉄道会社が設立されましたが，日本鉄道会社による路線は1884年に上野・高崎間が開業し，1891年に青森まで開通します。その後，投機的に民間鉄道会社が設立されるなど，鉄道の時代を迎えます[10]（図6）。

　郵便制度は鉄道と同じく1872年にはじまりますが，電信については1870年に東京・横浜間でサービスを提供しています。1875年には札幌から長崎までの電信網が完成，このころ，1877年の西南戦争を頂点とする不平士族の反乱がつづきましたが，明治政府は九州各地の軍用電信線の敷設を急ぎます[11]。電信による迅速な情報収集は政府軍に有利にはたらいたと考えられます。また生糸価格の暴落による困窮を背景に，1884年には農民たちが中心となった秩父困民党が反政府武装蜂起（秩父事件）を起こしますが[12]，開通したばかりの日本鉄道を明治政府は軍隊の輸送に利用し，鎮圧していきます[13]。

　鉄道と電信と軍隊と。少し時代が下りますが，宮沢賢治（1896年〜1933年）が1924年に刊行した童話集『注文の多い料理店』のなかにおさめられた「月夜のでんしんばしら」（1921年執筆）という作品があります。これは，恭一という少年が夜中に線路を歩いていると，突如電信柱の列が兵士となり「電気総長」の号令のもと，軍歌を歌いながら行進していくという童話です。メルヘンチックな絵本として現在も親しまれていますが，電信網が鉄道網と同様に全国にはりめぐらされていくことが，人びとの動員を容易にする，すなわちそれは軍隊の移動を容易にすることにつながっていることを暗示しています。この童話は1918年からシベリアにずるずると出兵[14]し，撤兵しようとしない日本軍

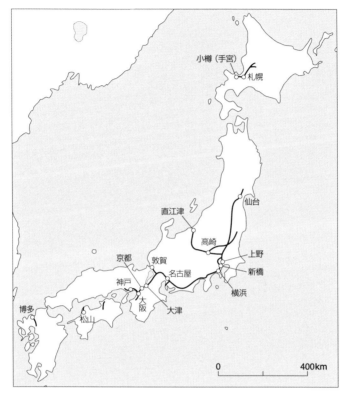

図6　1890年1月の鉄道網

※10　手にとりやすいものとして，老川慶喜『日本鉄道史　幕末・明治篇──蒸気車模型から鉄道国
　　　有化まで』（中公新書，2014年）などがあります。

※11　日本電信電話公社電信電話事業史編集委員会編『電信電話事業史（第1巻）』電気通信協会，
　　　1959年。

※12　詳しくは秩父事件顕彰協議会編『秩父事件──圧制ヲ変ジテ自由ノ世界ヲ』（新日本出版社，
　　　2004年）を参照。

※13　松平乗昌編『図説　日本鉄道会社の歴史』河出書房新社，2010年。

※14　第一次世界大戦中に起こったロシア革命への干渉のために，日本・アメリカ・カナダ・イギリス・
　　　フランス・イタリア・中華民国の連合国が，シベリアに出兵しました。日本は1922年になって
　　　ようやく撤兵しました。

への宮沢賢治の批判である，という見解もあります※15。

　ところで，軍隊は命令が通じなければ動きません。徴兵制が施行されてから70年近く経った1940年2月29日に，日本陸軍は「兵器名称簡易化ニ関スル規定」を制定，陸軍一般に通知しています。兵器用語には小学校卒業程度で理解できる漢字を用いるようにし，同年5月17日にはこの規定にもとづいた『兵器用語集（其ノ一）』を作成，通知しています（図7）。軍隊といえばむずかしい漢語を使って権威を高めているような印象があるかもしれませんが，戦争遂行に必要な兵器用語の簡易化をしないと，軍隊を効率的に動かせなかったということです。戦争をすればするほど国民を大量に動員しなくてはならないので，背に腹はかえられなかったわけです。それでもこれほどまでに時間がかかったということも問題となるでしょう。

法律のことば

　法律にしても「法のもとでの平等」をうたうのであれば，国民みなに理解できることばで書かれなければなりません。法律のことばを，国民みなにすんなりわかるようにするのは法学者の義務のように思うのですが，たとえば法学者・穂積陳重（1856年〜1926年）はこう述べています。

> 法文の難易は国民文化の程級を標示するものである。難解の法文は専制の表徴である。平易なる法文は民権の保障である。故に概して之を言へば，法律の文章用語は社会の進歩に連れて難解より平易に赴き，随つて法の認識可能性は文化と共に上進するものである。

（穂積陳重『法律進化論　第二冊』岩波書店，1924年，300頁）

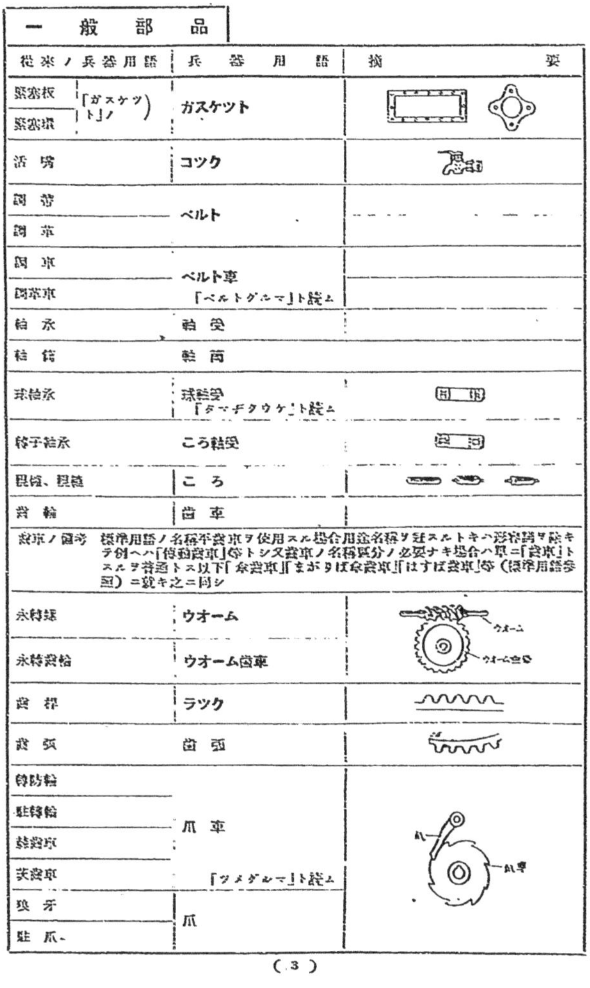

一般部品		
従来ノ兵器用語	兵器用語	摘要
緊密板 緊密環 （「ガスケット」ノ）	ガスケット	
活塞	コック	
調帯 調革	ベルト	
調車 調革車	ベルト車 「ベルトグルマ」ト読ム	
軸承	軸受	
軸筐	軸函	
球軸承	球軸受 「タマヂクウケ」ト読ム	
輾子軸承	ころ軸受	
輥輪、輥錘	ころ	
歯輪	歯車	
歯車ノ番号	標準用語ノ名称不要車ヲ使用スル場合用途名称ヲ冠スルトキハ形容詞ヲ冠キテ例ヘハ「傳動歯車」等トシ又歯車ノ名称区分ノ必要ナキ場合ハ單ニ「歯車」トスルヲ普通トス以下「傘歯車」「まがり傘歯車」「はすば歯車」等（標準用語参照）ニ就キ之ニ同シ	
永特螺	ウオーム	
永特歯輪	ウオーム歯車	
歯桿	ラック	
歯弧	歯弧	
掣防輪 駐掣輪 掣回車 芟歯車	爪車 「ツメグルマ」ト読ム	
掣牙 駐爪	爪	

(3)

図7 『兵器用語集』「調帯」「調革」が「ベルト」に。

※15 米地文夫「宮沢賢治「月夜のでんしんばしら」とシベリア出兵――啄木短歌・「カルメン」・「戦争と平和」との関係を探る」『総合政策』14巻2号，2013年。

国民みなに理解される文章用語で法律が書かれていなければ，「専制」の国家であって「民権」の国家ではない，ということです。この引用文自体「難解」ではないか，といいたくなりますが，穂積は楽観的です。

　維新後に於ける文運の進歩，殊に明治五年〔1872年〕の学制頒布以来に於ける国民教育の普及に依り，人民一般の理会力が年と共に著しく増進して居るから，之を主観すれば法の認識可能性は相対的に進歩したものと云ふことが出来る。　　　　　　　　　　　　　　　　　　　（同前，340頁）

　教育が普及しているから，だんだんと理解できるようになるというわけです。はたしていまもってそうなのかと思いますが，「相対的に進歩した」といわれれば，まぁそうかもしれません。しかし，エリートとの温度差を感じてしまいます。

学問の「ナショナライズ」とことば

　それでも，もう少し考えてみましょう。穂積がことばの問題に敏感なのには理由があります。明治初期，日本は欧米の最新技術や知識をとりいれるために，いわゆるお雇い外国人に多くを頼っていました（先に引用したグリフィスもそのひとりです）。大学などの講義も，外国人講師が英語やドイツ語などでおこなっていました。

　自身もお雇い外国人であったイギリス人のバジル・ホール・チェンバレン（Basil Hall Chamberlain, 1850年〜1935年，日本研究者，海軍兵学寮・帝国大学〔現在の東京大学〕外国人講師など）には，『古事記』の英訳や"A

40

Handbook of Colloquial Japanese"など多くの著作がありますが，1890年刊行の"*Things Japanese*"（日本語訳『日本事物誌』）があります。1891年にこの第2版を刊行するに際して「お雇い外国人」（Foreign Employees in Japan）などの項目を追加しています。そこでは「お雇い外国人は新日本の創造者である」として，「郵便，電信，鉄道，三角法による測量，改良された採鉱法，刑務所改革，衛生改革，紡績工場，製紙工場，化学実験所，水道，港湾事業——すべてが，日本政府に雇われた外国人たちの創造によるものである」と記しています（チェンバレン（高梨健吉訳）『日本事物誌1』平凡社東洋文庫，1969年，234，235頁）。新日本をつくったのはお雇い外国人である，と。チェンバレン自身も帝国大学で「博言学」（言語学）などを教えていたので，学術の面でも同様に考えていたはずです。

　ともあれ穂積は，1870年に東京大学の前身のひとつである南校に入学し，その後ロンドン大学・ベルリン大学に留学，1881年に帰国すると同時に発足5年目の東京大学法学部講師となりました。そのときのことについて1916年にこう語っています。

　　我輩が明治十四年〔1881年〕に東京大学の講師と為つた時分は，教科は大概外国語を用ひて居つて，或は学生に外国書の教科書を授けて之に拠つて教授したり，或は英語で講義するといふ有様であった。それ故，邦語〔日本語〕で法律学の全部の講述が出来る様に為る日が一日も早く来なければならぬと云ふことを感じて，先づ法学通論より始めて，年々一二科目づゝ邦語の講義を増し，明治二十年〔1887年〕の頃に至つて，始めて用語も大体定まり，不完全乍ら諸科目ともに邦語を以て講義をすることが出来る様

になつたのであつた。(穂積陳重『法窓夜話』有斐閣, 1916年, 165〜166頁)

　日本の大学での講義なのに, 教科書はもちろん, 講義用語も外国語によらねばできなかった, という回想です。学問もひとつの制度ですが, 近代的学問を日本語では担いきれない状況があったことがわかります。そして穂積はそうした事態をかえようと努力し, 法律用語の日本語訳を仲間と研究し, 1887年ごろにようやく日本語での講義ができるようになったのです。このことを穂積は法学を「ナショナライズ」すると表現しました（同前, 166頁）。こうして穂積は, 用語にかぎらず, ヨーロッパの法学思想を参照しながら日本の近代法学を確立していきました[※16]。

　そして, 法学にかぎらず多くの分野で翻訳のために数多くの漢字語（新漢語と呼ばれます）をつくり, 日本, そして日本語への移植がはかられました。1887年ごろからお雇い外国人がリストラされていくのも, さまざまな分野で「ナショナライズ」が進んだ結果といえます。しかし「ナショナライズ」が進む一方で, 難解な漢字語が増えてしまった側面もあります。

　ちなみに, 医学の場合は, 東京大学医学部の前身にあたる東校（とうこう）に, プロイセンから2名のお雇い外国人を呼び医学教育の改革をおこなったため, 徹底したドイツ語教育と, ドイツ語による教育がなされました。陸軍軍医で作家の森鷗外（もりおうがい）（1862年〜1922年）は東校の後身である第一大学区医学校に入学していますが, 森がドイツ語に堪能だったのはここでの教育のおかげでもあります。そしてお雇い外国人に頼らなくなっても, ドイツに留学した日本人教授がドイツ語による医学教育を継続していきます。さらに時間が経つと, 語順は日本語だけれども, ドイツ語を日本語の助詞（てにをは）でつないだ「てにをはドイツ語」

での講義が東京帝国大学を中心におこなわれるようになりました。「ナショナライズ」は医学ではそう簡単に進まなかったようです[※17]。医学用語は漢字語でも難解なものが多いですが，学問の日本語は，分野によってさまざまなあり方をみせていたといえます。

　さて，先のチェンバレンは1891年の『日本事物誌』第2版に追加した「狂信的愛国主義」（Chauvinism）のなかで，「最近は，世界中を吹きまくっている盲目的愛国思想の風潮から，日本も免れることはできなかった」としたうえで，「もちろん，何年かの間は，「外国のもの」と「良いもの」とは同義語であった。〔……〕このような状態は一八八七年，突然に去った。今の国民感情は「日本人のための日本を！　日本人の日本にせよ」である。お雇い外国人は解雇され，日本人に代った」と記しています（『日本事物誌1』112〜113頁）。鹿鳴館に象徴されるいわゆる欧化主義から，反動としての国粋主義への転換を指摘しているわけですが，チェンバレン自身も1890年に帝国大学講師の職を辞し，2年後にイギリスへ帰国します。

　このように，「国語」という制度の中身を日本語でつくっていくにはさまざまな問題があったことがわかります。ただ，制度だとすれば，効率的に運用するためにはより簡便な方がよい，多くの人に容易に理解できるものがよい，くりかえしますが，国民みなが読み書き話し聞くことができるものであるべきだ，という方向性はみえてくるでしょう。

※16　詳しくは内田貴『法学の誕生──近代日本にとって「法」とは何であったか』（筑摩書房，2018年）を参照。
※17　「てにをはドイツ語」が大きく問題視され，医学界で「国辱」などと表現されるのは1930年代以降のことになりますが，それは「大東亜共栄圏」にいたる帝国日本の侵略的拡大にともなうナショナリズムの高揚と無関係ではありません。

話しことばは通じたのだろうか
── 前島密・福沢諭吉・青田節の場合

　国民みなが話し聞けることばをつくる──話しことばを統一する──といっても，そう簡単なことではありません。話すことばが通じない，ということは人が移動するなかで，あるいは移動してきた人と接するなかで経験することが多いと思います。時代によって，移動する人やその範囲は大きく変化します。そうした移動のなかで話すことばが通じないときに，なにを思うでしょうか。

　たとえば，先ほど少しふれた越後出身の前島密ですが，江戸に滞在中，1853年には浦賀にやってきたペリー艦隊の見物などをしています。そこで海岸防御の必要性を感じ，九州や四国・中国地方をめぐっています。1857年には江戸幕府が長崎につくった海軍伝習所の見習いとなって操船術などを学びます。そこから今度は箱館（函館）にいって，箱館奉行が設立した諸術調所という教育機関でさらに学ぼうとします。しかしその旅の途中，仙台藩で財布と紹介状をなくすという失態を演じます。旅費を稼がなくてはならないので，仙台藩のある村で『論語』や『孟子』を輪講（ある書物の内容について論じあうこと）させ，その指導をすることでお金を得ようとします。しかし，輪講に参加している人びとの話すことばが理解できなかったので苦労した，と後年回想しています（お金が無事もらえたのかはわかりませんが，箱館にいけました[18]）。その後長崎で英学を学び，1865年には薩摩藩に招かれて半年ほど開成所というところで英学を教えます。半年で鹿児島のことばをおぼえたつもりになって，ある日14,5歳の少年たちに演説を30分ほどしてみたところ，「うつりもうさん」（鹿児島ことばで，話が通じません，という意味）といわれてしまったそうです。こうしたことをふまえて，前島はこのように述べています。

ソウユウ コトノ アルタビニ コノ 小帝国ニ 東西 其 言語 発声 ヲ 異ニシ
彼此 ホトンド 外国人ノ 如キ 観ヲ ナスワ 何ト歎シキ コト デアル。帝国
独立 ノ 上ニ 大害ナリト感ジ, ソノ 害毒ワ 全ク 形象文字ナル 漢字ヲ 用
ウルニ 起因セル ヲ 悟ッタ ノデ アル。

　実はこの回想は,「国字国語改良論及始末」という前島の生前には発表され
なかったもので,1902年ごろに書かれたものと推測されます。没後に『カナ
ノ ヒカリ』という雑誌に全体の半分ほどが掲載されました（128号, 1932年8
月, 引用は7頁）。後述しますが, カタカナで日本語を表記しようというカナモ
ジカイの機関誌なので, 前島の原文とは異なり, カタカナまじりで表音的かな
づかいの文章に変更されています。1865年時点で日本のことを「小帝国」と実
際に前島が書いていたわけではありませんが, 要するに小さな国なのにことば
の発音がまちまちで外国人のようになってしまっているのは嘆かわしい, その
ことが国の独立のさまたげになっている, その原因は漢字を使っているところ
にある, といった主張です。また, 漢字ではなく表音文字を使えば話しことばが
通じるようになる, という論理は飛躍がありますが, 少なくとも, みずから江戸
時代の日本をあちこち徒歩や船で移動して人びとと話したところ, こんなに話
が通じない状況ではまことに困ったものであるという認識にいたったことは指
摘できます。移動することで経験するさまざまな接触を通じて, どのような「国

※18　ただ, 前島の自叙伝である『鴻爪痕』（私家版, 1920年。1956年に前島密伝記刊行会から『前
　　　島密自叙伝』『前島密郵便創業談』と分けて復刻。前者はさらに1997年に日本図書センターか
　　　ら再刊）によれば, このときは農繁期だったので人があつまらず輪講の会は開けなかったとあ
　　　り, 整合性に欠けます。同書によれば, 箱館までの旅費は, 持参していた蒸気船の図面をある人
　　　に解説した謝礼として工面できたということです。

語」をつくるべきかという構想が練られたといえます。

　前島が1866年に「漢字御廃止之議」を建白したことはふれましたが，実際に明治になって，前島は漢字廃止の主張の実践として『まいにち　ひらかな　しんぶんし』を1873年に創刊します（1年もたずに廃刊）。また，郵便事業ばかりでなく，1887年には関西鉄道株式会社の社長となり，さらに逓信省次官となって官営の電話事業推進に尽力するなど，国家という空間を緊密化する事業にも関与していきます※19。そして，後述しますが，「国語」を整備する国の機関をつくる機運が高まるなか，1900年に前島は国語調査委員に任命され，1902年に国語調査委員会ができると前島も委員となります。近代的な国家建設とことばの問題について，直接的，間接的に関係をもった人物でした。

　一方，前島と同じ1835年に福沢諭吉が，中津藩（現在の大分県の北部）の大坂蔵屋敷勤務の父百助・母於順のもとに5人きょうだいの末子として生まれています（1901年没，図8）。しかし2年後に父が死亡，母ときょうだいで中津に帰ります。帰るといっても，きょうだいすべて大坂（大阪）生まれであり，中津の同世代のいとこや近所のこどもたちと話すことばにちがいがあるということに気がつきます。のちの『福翁自伝』には，

> 私の兄弟は皆大阪ことばで，中津の人が「さうぢやちこ」と云ふ所を，私共は「さうでおます」なんと云ふやうな訳けで，互に可笑しいから先づ話が少ない。〔……〕子供の事だから何だか人中に出るのを気恥かしいやうに思て，自然内に引込んで兄弟同士遊んで居ると云ふやうな風でした
>
> （福沢諭吉『福翁自伝』時事新報社，1899年，2〜3頁，ふりがなは原文）

図8　福沢諭吉

とあります。周囲の子たちとことばがちがうので，積極的になれず，ひきこもりがちになったということです。これもまた移動することでことばのちがいを身にしみて感じた例といってよいかもしれません。なお，引用文中の「さうぢやちこ」（いまの表記では「そうじゃちこ」）ですが，「～ちこ」は主に大分県北部のことばで強調をあらわすものです。「そうなのですよ」といった意味です。

　また，福沢は1877年に『旧藩情』を私家版として著し，旧中津藩の有力者に示して，旧藩の身分意識の打破などをうったえています。これは福沢没後の1901年に『時事新報』に連載され，時事新報社編『福沢全集』第6巻（1926年）として書籍の形で発表されました。同じ藩内でも身分によって権利・貧富・教育・生計・風俗習慣のちがいがあったことを示していくのですが，ことばのちがいについても，たとえば「見て呉れよ」というのを上級武士では「みちくれい」，下級武士では「みちくりい」，商人は「みてくりい」，農民は「みちえくりい」

※19　詳しくは山口修『前島密』（吉川弘文館，1990年）などを参照。

という，という細かな観察が記されています。そのことばのちがいは壁を隔てていても話すのを聞けばその人の身分がわかるほどであった，とも書いています（684～685頁）。ことばのちがいに敏感であったのも，そしてのちにふれますが，『福翁自伝』がたいへん読みやすい文体であるのも，もしかしたら中津での幼少期の体験の影響があるのかもしれません。福沢はこのあと，長崎，大坂，江戸と移動し，江戸幕府が派遣する使節などの一員として，アメリカ合衆国に二度いき，さらにヨーロッパをめぐることになります（この移動はすべて江戸時代におこなわれています）。

　移動することによってことばの問題に気がつく，という例をもうひとつあげます。前島や福沢のような有力者ではありませんが，兵庫県播磨神崎郡出身の青田節（1861年～1930年）という人物です。青田は郷里で1884年まで小学教育に従事し，1885年から1889年まで東京に遊学，その間自由民権運動に共鳴して各地を遊説し，帰郷後は1921年まで32年間，私塾の青田塾を開いていたそうです[20]。

　東京に出てくるときに，部分開通していた東海道線を利用したかもしれません。当初は明治政府が整備した教育制度を支える側にいたからか，1886年に東京で出版した『内地雑居之準備』という本で，青田は日本社会の旧弊・旧慣の打破を主張していきます。不平等条約改正によって条約上の開港地に設けられた外国人居留地がなくなり外国人が日本国内を自由に移動，居住，活動できるようになる内地雑居は実際には1899年とまだ先のことでしたが，外国人（欧米人を念頭においているはずです）の目にさらされたときに恥ずかしくないように，という意図がこの本にはみられます。

　青田は，明治になって20年近く経っても「現今邦人ノ常ニ相往来シ常ニ相訪

問シ以テ互ニ相交際スルノ場合ヲ熟視スルニ其間ニ未ダ大ナル改良変化アルヲ見サル也」と嘆き，「改良」すべき昔ながらの習慣を列挙していく内容です。社会が「進化」したら「平生ノ交際即チ付キ合ヒハ成ル可ク簡単ニ又淡泊ニ為ス可キナリ」というのです（青田節『内地雑居之準備』春陽堂，1886年，3〜4頁）。

　この延長線上にあるのが，1888年2月に福島で刊行した『方言改良論』です。この「緒言」は1887年10月に福島県信夫郡瀬上町（現在の福島市）の旅館で記されていますが，そこにはこんな記述があります。

　　　余嘗テ東京ヨリ福島ニ到ルヤ，汽車ニ同乗セシモノ傍ラニ英人一人ト仙台ノ婦人一人トアリ。而シテ仙台婦人ノ談話ヲ聞クニ，言語甚ダ解シ難ク，一回モ甘ク談話スルコトヲ得ザリキ。又英人ノ言語ヲ聞クニ，余少シク英語ヲ解スルヲ以テ談話稍為スコトヲ得タリ。互ニ同邦ノ人ニシテ斯ク迄言語ノ相通セザルハ又歎ズ可キノ至リナラズヤ。是レ邦語ノ不完全ナルニ非ズ，方言僻語ノアルヲ以テナリ。

　　（青田節『方言改良論』進振堂，1888年，5頁。読みやすさのために句読点をつけました）

　先に登場した日本鉄道会社は，この「緒言」が書かれた1887年10月時点では上野から福島県の郡山までしか開通しておらず，同年12月に宮城県の塩竃まで延長されています。よって青田が郡山まで乗車したときの体験と思われますが，汽車に同乗したイギリス人とは英語で少し話ができたけれども，仙台の女

※20　詳しくは太田陸郎「方言改良論の著者」『書物展望』（第3巻第3号，1933年3月）を参照。

性とは話が通じなかった，同じ日本人なのにことばが通じないのは嘆かわしい，これは方言やいなかことばがあるせいだ，という内容です。

　今ではスマートフォンばかりみるようになって，列車のなかで見知らぬ人との会話を楽しむ経験をほとんどしなくなってしまいましたが，兵庫県出身の青田が，仙台の女性と，さらには内地雑居以前なので滅多に会うことのない外国人と会話する，ということは近代の鉄道がもたらした新しい光景といえます。英語が通じた，というのはやや自慢気に聞こえますが，それはさておき，同じ国内なのにことばが通じないのはおかしい，というのは前島密も述べていました。

　ただ，前島がその原因を漢字のせいにしていたのに対し，青田は方言のせいにしている点が異なります。通じない理由は「邦語ノ不完全ナルニ非ズ」といっています。森有礼が「邦語」が「不完全」だから「国語」を英語でまかなおう，という提案から15年。そうした認識はとりあえず青田のなかにはなかったことがうかがえます。それなりに「国語」は整備されてきていたのでしょう。しかし方言のせいでその普及が不十分だ，というのが青田の見解です。とはいえ，「同邦ノ人」だから同じく「邦語」を話せ，というのはやや乱暴です。先に引用したグリフィスがいっていた，「国家の意識」が非常に弱かったという状況は若干変化してきたようですが，たまたま汽車で出会っただけなのに，同じ日本人なのだからことばが通じていなければならない，「邦語」が話せないのはおまえが悪いのだというのは，いいがかりにほかなりません。

　ではなぜ青田はそのようなことをいえたのでしょうか。同じ著作で青田は「言語ハ普及区域ノ広キヲ最上トス」（6頁）としています。しかしながら「我日本国語ノ如キハ普及区域ノ尤モ狭小ナルモノナリ。加之純然正当ノ邦語ハ邦内ニダモ未ダ全ク普及シ居ラザルナリ」という認識をもっており，だからこそ「日

本全国到ル処ニ是ノ如キ方言僻語ノ跡ヲ絶タンコト，希望ニ堪ヘザル也」（7頁）と方言の撲滅を主張するのです（句読点は引用者）。より広く通じる方が優れたものであり，そうでないものはなくなってもかまわない，というわけです。「邦語」が普及することと，方言を撲滅することとは連動しないはずですが，青田は「交通繁キ開明ノ社会ニハ方言漸ク少シ」「交通繁ケレバ其社会ハ忽チ開明トナル者ナリ」（27頁）と，方言があったら文明社会ではないと断言します。そして「方言改良」の方策を示していくのがこの『方言改良論』です[21]。

　いろいろなことばがあっていいではないか，通じなくてもそんなにいきりたつ必要はないではないか，といまなら思うかもしれませんが，20代後半の一青年の主張は，文明開化・近代化に前のめりになっていく当時の日本を象徴しているようです。

　なお，内地雑居が近づいた1898年になると，一転して「西洋の物質的開化」によって日本の「精神的の文化」が廃れていくことを嘆き，「仏教の興隆と，勅語の実行と，国風の守成」があってはじめて「国家の盛を見る」と主張する『雑居対策御国の美風』（法蔵館，1898年）を京都で刊行します（引用は19頁）。ここでは青田が撲滅しようとした方言についての言及はありませんが，1895年の日清戦争勝利後に高まる社会のナショナリズムに敏感に反応していく，かつての青年の姿をみることができます[22]。

※21　近代日本において「方言」がどのように語られてきたのかについて，詳しくは安田敏朗『〈国語〉と〈方言〉のあいだ――言語構築の政治学』（人文書院，1999年）を参照。

※22　ここでとりあげた青田節の著作は国立国会図書館デジタルコレクションで読むことができます。

4. 象徴としての「国語」ってなんだろう
——上田万年の議論を中心に

効率がよければよいのだろうか

　ここまでみてきたように，制度としての「国語」は，同時代に生きる国民が同一の「国語」を読み書き話し聞くことができるようにという志向をもっています。そこでは効率のよさが求められていきます。

　しかし，たんに効率のよさだけを追求するのであれば，漢字を廃止し，ひらがななりローマ字なりで表記する，あるいは英語を「国語」とすることも十分理にかなっています。

　しかしながら，こうした主張は実現しませんでした。なぜでしょうか。

　いろいろと理由は考えられますが，効率的な動員をはかる一方で，国歌や国旗と同様に国民を統合する象徴としての役割を「国語」が担わされたからではないでしょうか。そこに「歴史」あるいは「文化」「伝統」がもりこまれていなければならないという意識です。「固有」なものをもつ，かれらとはちがう「われわれ」意識です。2章で示した『広辞苑』の定義にいう③「本来の日本語」は，「本来の」ということばでこうした志向を示しているといえます。

　こうした国民統合のための制度であり象徴である「国語」は，19世紀末ごろにはその形をなしつつありました。たとえば，国語学者の上田万年（1867年〜1937年）という人物がいます（図9）。生年からわかるように，上田は明治とともに年齢を重ねていきます。明治の学制のもとで教育を受け，1885年に東京大学（翌年から帝国大学）に入学，先にふれたチェンバレンから博言学（言語学）などを学びます。1888年に和文学科を卒業し，1890年から1894年までドイツ・フランスに留学し，帰国してすぐに帝国大学文科大学（現在の東京大学文学部）教授となります。数え年でまだ28歳の若さです。

　その年の10月に講演「国語と国家と」を哲学館（現在の東洋大学）でおこな

図9　上田万年

うのですが，そこで「国語」とはドイツ語でいう「ムツタースプラッハ」「スプラッタムツター」つまり「母のことば」「ことばの母」であるとします。そして，母のようなもの，さらに故郷のようなものだから無条件に（皇室への愛のように）愛すべきだと唱えました。引用します。

> 此自己の言語を論じて，其善悪を云ふは，猶自己の父母を評するに善悪を以てし，自己の故郷を談ずるに善悪を以てするに均し。〔……〕真の愛に選択の自由なし，猶皇室の尊愛に於けるが如し。此愛ありて後，初めて国語の事談ずべく，其保護の事亦計るべし。
>
> （上田万年「国語と国家と（承前）」『東洋哲学』1巻12号，1895年2月，493頁）

　その一方で日本国の「国語」にふさわしい整備はまだなされていないので早急に「国家の義務」として研究を進めるべきだ，と主張します。具体的に「歴史的文法」「比較的文法」「発音学」「国語学の歴史」「文字の議論」「普通文の

標準」「外来語の研究」「辞書」「日本語の教授法」「外国語の研究法」などの課題をかかげています（同前，498頁）。それまで，日本語の研究は，江戸時代に発達した国学の方法によっておこなわれていましたが，上田はヨーロッパの言語学の原理にもとづいた研究を主張したのです。これが先の穂積陳重が法学でおこなった学問の「ナショナライズ」の上田版でしょう。上田が留学を通じてどの程度正確に当時の言語学を理解していたのかは検討の余地があるようですが[※1]，とにもかくにも，日本の近代の国語学はこのようにはじまりました。

制度が自然化すること

上田のこの講演からは，母とか故郷といったみずから選べないものとして「国語」をとらえ，昔から存在する「自然」なものだという意識を生じさせ，国民の血肉としようとしていることがわかります。さらに上田は，

　　言語は，之を話す人民に取りては，恰も其血液が肉体上の同胞を示すが如く，精神上の同胞を示すものにして，之を日本国語に，たとへていへば，日本語は日本人の精神的血液なりといひつべし。日本の国体は，この精神的血液にて，主として維持せられ，日本の人種はこの最もつよき最も永く保持されるべき鎖の為に，散乱せざるなり。故に大難の一度来るや，此声の響くかぎりは，四千万の同胞は何時にても耳を傾くるなり。何処までも赴いて，あくまでも助くるなり，死ぬまでも尽すなり。

※1　詳しくは金子享「Uëda Mannenのこと」『千葉大学ユーラシア言語文化論集』4号（2001年），
　　清水康行「上田万年の欧州留学に関する記録」『日本女子大学　紀要　文学部』61号（2012年）
　　などを参照。

（上田万年「国語と国家と」『東洋哲学』1巻11号，1895年1月，450〜451頁）

と，言語が「精神的血液」であると述べてもいます。日本の「国語」にかぎっ
たことではなく，言語一般のこととして議論していることにも注意してくださ
い。それにしても，肉体を流れる「血液」だという比喩はわかりやすいと思い
ます。つまり，それがなくては生存できないものであり，それによって国民が団
結し，ひとたびことが起これば国民は「死ぬまでも尽す」のだといいます。の
ちにふれますが，上田の講演が日清戦争のさなかにおこなわれたこととも関連
があるでしょう。

　ともあれ，制度としての「国語」が血肉化するという気味の悪さ，そして命
まで差し出せという主張にいたってしまうことに気がついてほしいのですが，
「血液」という比喩は，それが「自然」なものということで，この気味の悪さは
おおいかくされていきます。

　「自然」ということばがひとつのポイントになってきます。そこで，上田自身
が「自然」ということばを使ってなにをいっていたのかをみてみます。この講
演の翌月，1895年11月には国語研究会という場で「国語研究に就て」という
話をするのですが，そのなかで「自然」ということばが登場します。

　　文に必要なるものは，第一自然である事であります。明瞭である事，論理
　　的であること等は，皆此自然である事に伴ひまする。これは漢文流直訳流
　　の文では，到底俗語流の文には及びませぬ。

（上田万年「国語研究に就て」『太陽』創刊号，1895年1月，28頁）

それまで、漢文を訓読した文体が高尚なものとされていました。上田はそれを否定し、漢文や外国語の影響を受けていない、「俗語流」の文こそが、「自然」だというのです。「固有」であることを強調し、漢字語や外国語をありがたがって使う傾向を批判するのです。なお、先の「国語と国家と」と比べると、同じ時期のものですが、「読み書き話し聞く」文体に近く感じられます。同じ人物でも文体は揺れていたわけです。

「国語」とナショナリズム

ここで、1895年に注目します。先の講演「国語と国家と」は1895年10月8日になされていますが、そのなかで上田は「昨日われわれは平壌を陥れ、今日又海洋島に戦ひ勝ちぬ」といっています（「国語と国家と（承前）」497頁）。日清戦争に際して日本軍が朝鮮の平壌（ピョンヤン）を攻略したのは9月15日、後者は9月17日の黄海（こうかい）海戦を指しています。11月の「国語研究に就て」のときも戦争は継続中で、上田はこんなことを述べています。

> 開闢（かいびゃく）〔世界のはじまり〕以来比類のない支那征伐（しなせいばつ）に、我（わが）陸軍海軍が連戦連勝で、到（とこ）る処朝日の御旗（みはた）の御稜威（みいつ）に靡（なび）き従はぬ者はないのに、我国の国語界文章界が、依然（いぜん）支那風の下にへたばり居（お）るとは、なさけない事であります。今は大和魂（やまと）の価値は、世界の輿論（よろん）の上で定（さだ）まりました。　　　（28頁）

「御稜威（みいつ）」とは「天皇の威光」といった意味です。日本の軍隊が中国（清国）に勝っているのに、どうして「支那風」つまりは漢文などをありがたがるのか、「自然」に帰って「大和魂」の価値に気づけ、世界は日本の優位をすでに認めて

いるのだぞ，といったところでしょうか。自国中心主義で排外主義。ナショナリズムといってよいですが，「国語」とナショナリズムがいとも簡単に結びついていくのです。

　そして上田は以下のようにいいます。

　　我等は一方に於て，此国語の過去に遡り，又其現在に立ち入りて，始終其上にある真理を，尋ね求むる事を怠らぬと同時に，又他の一方に於ては，種々の科学の補助を仰ぎて，此国語の「ミガキアゲ」に尽力し，かくして啻に日本全国を通じての言語をつくり出すのみか，苟も東洋の学術政治商業等に関はる人々は，朝鮮人となく，支那人となく，欧洲人となく米国人となく，誰でも知らんではならぬといふ，言はゞ東洋全体の普通語といふべき者をも，つくり出さうとする大決心を有つ者でありまする。（26〜27頁）

　この国語研究会にあつまった人びとへの呼びかけですが，前半は科学的研究をおこなって，「国語」を「ミガキアゲ」るという宣言でしょう。「国語と国家と」にも通じます。しかし後半は「東洋全体の普通語」にしていきたい，という決意表明になっています。この後半部は，日清戦争の結果，台湾を領有し，国語教育の名のもとで日本語が教育されるようになり，さらには1910年の韓国併合にともなって朝鮮半島でも同様の教育がおこなわれるようになるなど，上田の決意通りに歴史は進んでいきます。

　母・故郷・俗。自然，自然といいながらも，やはり「ミガキアゲ」ということばが使われているように，きわめて人為的な――つくられた――側面が「国語」にあることを，いま一度確認しておきたいと思います。

「厳格なる意味にていふ国語」とは —— 標準語の設定

　この2年後，1897年に上田は予算を獲得して，帝国大学文科大学内に国語研究室を設置します（現在は東京大学文学部国語研究室となっています）。その翌年，上田は「内地雑居後に於ける語学問題（上・下）」を雑誌『太陽』（4巻1号，2号，1898年1月，2月）に掲載します。先に青田節をとりあげたときにふれた内地雑居を翌年に控えていました。ここで上田は「厳格なる意味にていふ国語」を定義して，「之を口に語り，之を耳に聞くときも，之を字に写し，之を目もて読むときも，共に同一の性質を有するもの」であって「言文一途の精神を維持し居る」ものとします（上，22頁）。

　しかし，国民みなが読み書き話し聞くことができるものとしての「国語」は，上田の目からみても完成されたものではなかったため，以下のような提案をします。「一日も早く東京語を標準語とし此言語を厳格なる意味にていふ国語としこれが文法を作りこれが普通辞書を編み広く全国到る処の小学校にて使用せしめ之を以て同時に読み書き話し聞きする際の唯一機関たらしめよ」。つまり「標準語」[※2]の設定と小学校を通じた普及です。そして「一日も早く声音学を採用せよ」。「声音学」とはいまでいう「音声学」のことですが，それにもとづいて日本語のための「声音字」をつくれ，とつづけます。この「声音字」とは，ローマ字やかなのことを指しています。したがって，漢字は不要という意見になります。さらに「欧米の外来語」はそのまま導入せず，漢字語に翻訳するのは「支那字〔漢字〕を生かさんが為に日本語を殺す」ことだ，と息巻いています。そして三番目には「是等の大問題を調査せしめんが為に，宮内省或は文部省内に

※2　「標準語」ということばは，英語のstandard languageの翻訳として1895年ごろから登場します（たとえば，上田万年「標準語に就きて」『帝国文学』創刊号，1895年1月）。

国語調査会を設置し，帝室より，上下議院より，官公私の学者教育者より，其の
委員を選任して」解決案を提示していくべきだとします（上，26頁）[※3]。

　ここでもうひとつ注目したいのは，「標準語」を「厳格なる意味にていふ国語」
としていることです。上田は「東京語」を念頭においているのですから，それ
以外の日本語は厳格な意味での「国語」ではない，ということになります。ち
なみに上田万年は幕末の1867年，尾張藩士・上田虎之丞を父として江戸大久保
の尾張藩下屋敷に生まれます。そして尾張に引っ越したようですが，1870年に
父が亡くなり，その2，3年後に東京本所に母と姉とともにやってきます。上田
の母いね子は武家の娘で，兄が本所にいたためですが，そこでふたりの子ども
を育てあげます[※4]。本所といえば，いまの東京都墨田区の一部です。移動とこと
ばを考えれば，ここまででとりあげた前島密・福沢諭吉・青田節たちと異なり，
江戸っ子といってよい上田は，標準語に近いことばを難なく獲得し，人びとの
話すことばの差異にさほど敏感にならずに育ったともいえます。「〔上田〕先生
の演説は，明快なる東京弁」であったという回想もあります（望月世教「上田
先生を偲びまつりて」『方言』8巻2号，1938年5月，215頁）。だから，屈託な
く「東京語＝標準語＝国語」といえたのかもしれません。

　ともあれ，「国語＝標準語」という図式は，制度としての「国語」という側面
を的確にあらわしています。少しピンとこないかもしれませんが，この図式は
広く受けいれられたと考えられます。たとえば以下のような指摘があります。

　　最近でも，鹿児島あたりの老人から，「わしはコッゴができなくて……」
　というのを耳にする。コッゴは「国語」の鹿児島なまりであるが，学科と
　しての国語が得意でなかったという意味かというに，そうではないのであ

る。〈標準語〉がうまく話せないということなのである。

（亀井孝・大藤時彦・山田俊雄編集委員『日本語の歴史6　新しい国語への歩み』

平凡社ライブラリー，2007年，392頁）

　「最近」とはいっても，この原著は1965年に刊行されているので，半世紀以

上まえのことになりますが，それを考えると20世紀はじめには「国語」という

ことばと，それがなにを意味するかが浸透していったと思われます。

　ともあれ，こうした上田の主張は，なんの根拠もなくなされたわけではあり

ません。この時期には書きことばと話しことばの距離を縮めて新しい文体をつ

くりだそうとする言文一致運動が起こり，小説などで実践がなされます。また，

日清戦争は初の大規模な対外戦争[※5]であり，広島城内に大本営（日本陸海軍最

高統帥機関）を設置し，天皇は開通したばかりの山陽鉄道（私鉄）で広島に移動，

1890年に開設された帝国議会も広島に移ります。徴兵された兵士が広島の宇品

港から船で出兵し，従軍記者による記事を新聞社は競って号外に載せ，人びと

は争うようにそれを読みます。上田が「国語」の「ミガキアゲ」の根拠にした

※3　ここまででとりあげた上田万年の文章はいずれも上田万年『国語のため』（冨山房，1895年）
　　と『国語のため　第二』（冨山房，1903年）におさめられています（初出と若干異なる部分も
　　あります）。この両著をあわせて，上田万年『国語のため』（平凡社東洋文庫，2011年，安田敏
　　朗校注・解説）として刊行されてもいます。

※4　上田万年の娘は作家・円地文子（1905年〜1986年）ですが，円地文子『夢うつつの記』（文
　　芸春秋，1987年）は父・上田万年の思い出を記したものです。祖母いね子から聞いたはなしも
　　出てきます。

※5　ちなみに，近代日本初の対外戦争は1874年の台湾出兵です。詳しくは毛利敏彦『台湾出兵──
　　大日本帝国の開幕劇』（中公新書，1996年）などを参照。

ナショナリズムはいやがうえにも高まっていったわけです[6]。

「厳格なる意味にていふ国語」の実践としての『福翁自伝』

　さて，上田万年が「国語」に関する講演をくりかえしていた1895年からしばらくたった1899年に福沢諭吉は『福翁自伝』を刊行します。この『福翁自伝』という実践は，読み書き話し聞くことのできる「国語」のひとつの事例とみることができます。

　この『福翁自伝』は，時事新報社の石河幹明（いしかわみきあき（かんめい））（1859年〜1943年）のはしがきによれば，福沢が年表を片手に月4回，1回4時間程度で6, 7ヶ月のあいだに口述したものを『時事新報』（福沢が創刊）に連載し，その後1冊にまとめたものです。福沢の口述は矢野由次郎（やのよしじろう）（1862年〜1939年）に速記させたものに福沢みずから手をいれ，それを掲載したとのことです。この矢野は速記術[7]を習得後に帝国議会速記課に勤務，1895年に時事新報社に入社しています。

　このように，話しことばを速記し，速記文字から日本語に「翻訳」したものをさらに書きなおしたものが発表された，ということになります（図10）。

　一例として，若いころの蘭学塾・適塾（てきじゅく）[8]での修業時代の一節を引用します。大酒呑（の）みだった福沢は思いたって禁酒を誓うのですが，塾の悪友たちは，

実は私が不断烟草（ふだんたばこ）の事を悪（わる）くばかり云て居たものだから今度は彼奴（あいつ）を
喫烟者（たばこのみ）にして遣（や）らうと寄（よ）つて掛（か）つて私を愚弄（ぐろう）するのは分（わか）つて居るけれども
此方（こっち）は一生懸命（いっしゃうけんめい）禁酒（きんしゅ）の熱心（ねっしん）だから忌（いや）な烟（けふり）を無理（むり）に吹かして十日も十五日
もそろ〳〵慣（な）らして居る中に臭（くさ）い辛（から）いものが自然（しぜん）に臭（くさ）くも辛（から）くもなく段々（だんだん）
風味（ふうみ）が善（よ）くなつて来た凡（およ）そ一箇月ばかり経（た）て本当（ほんたう）の喫烟客（たばこのみ）になつた

62

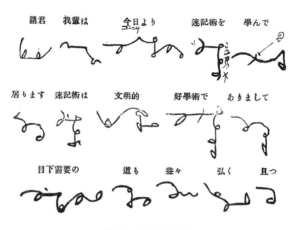

諸君　我輩は　今日より　速記術を　學んで
コンニチ

居ります　速記術は　文明的　好學術で　ありまして

目下需要の　道も　益々　弘く　且つ

図10　速記文字の例

（福沢諭吉『福翁自伝』時事新報社，1899年，121頁。ふりがなは原文）

といったくだりがあります。いま読んでもとくに問題なく理解できます。黙読してわかりにくかったら，音読してみましょう。ぐっとわかりやすくなるはずです。このあと，結局酒もやめられなかった，というオチがついてきます。速記者が清書し福沢が手を加えた草稿で，引用と同じ箇所（図11）をみてみると，

※6　日清戦争によって日本社会が大きく変化したことについては，佐谷眞木人『日清戦争──「国民」の誕生』（講談社現代新書，2009年）などを参照。

※7　速記術について詳しくは福岡隆『日本速記事始──田鎖綱紀の生涯』（岩波新書，1978年）などを参照。また，三遊亭円朝（1839年〜1900年）の落語が速記にもとづいて刊行され好評を博します。初の言文一致小説である『浮雲』（1887年〜1891年）を書いた二葉亭四迷（1864年〜1909年）が，坪内逍遥（1859年〜1935年）に，円朝の落語通りに書いたらどうかと助言されたことはよく知られています。

※8　蘭学者で医者の緒方洪庵（1810年〜1863年）が1838年に大坂に開いたものです。福沢諭吉は1855年に入塾。1868年閉鎖。

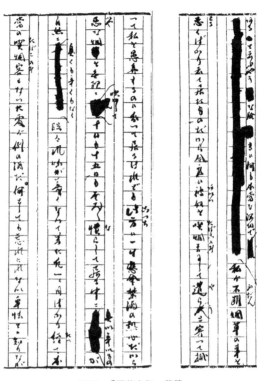

図11　『福翁自伝』草稿

速記段階での完成度の高さ，それは福沢自身の話しことばの明瞭（めいりょう）さを示していますが，それでも手を加えて読みやすくしていく努力がなされていることがうかがえます。刊行時にはふりがなも多用されており，話し聞く際にも便利です。福沢が話したことばが，速記術を媒介（ばいかい）として書きとめられ，それを読んで校正し，語ったかのように仕上げていく。読み書き聞き話すという要素があわさった文体といえます。言文一致は，たんに語ったままが記述されて完成するものではなく，速記術や新聞というメディアの媒介があって成立してくるともいえます。

また福沢は1873年に『文字之教』3冊を刊行しています。これは日本にはかながあるのに漢字をまじえて書くのは不便だ，とはいえすぐに漢字全廃はむずかしいから，2000から3000字に制限してはどうか，という端書があり，日常で使う漢字を示したものです[9]。漢字制限の必要性をはやくから説いていたわけで，「国語」という側面から福沢諭吉をとらえるのもたいへん興味のあるところです[10]。

「国語」の「ミガキアゲ」へ
—— 国語調査委員会と小学校令改正

　福沢の実践例をみてみましたが，こうした実践はだれもができるわけでもなく，福沢にしても，かなづかいや漢字の使い方などに関して一定の規則や基準を明示したわけでもありません。また，福沢の話しことばには故郷の中津のことばや大阪のことば，そして江戸のことばも入りこんでいます。上田のいう「標準語」とも若干異なっているわけです。

　『福翁自伝』が刊行されたのは1899年のことでしたが，このころには，先の上田の議論の影響もあって，表記法が定まっていないこと，標準語が定まっていないことは，近代化された「文明国」としてふさわしくないというような主張がなされていきます。それは「国語国字問題」という用語で問題化されました。そして，1900年に「国字国語国文ノ改良ニ関スル請願書」が帝国議会に提出さ

※9　『文字之教』は慶応義塾大学メディアセンターデジタルコレクションの画面から原本をみることができます。http://dcollections.lib.keio.ac.jp/en/fukuzawa/a21/73

※10『福翁自伝』は文庫版で簡単に手にとることができます。幕末明治を生きぬいた知識人の体験を軽妙な文体で味わえますが，中国人や朝鮮人へのあからさまな蔑視もあります。

れます。その内容を少しみると「我ガ邦文字言語文章ノ錯雑難渋(さくざつなんじゅう)ナル世界其ノ比(ひ)ヲ見ザル所」であるから，「世界ノ競争 場(じょう) 裡(り)ニ馳聘(ちてい)〔思うがまま行動すること〕」しようとするときに日本の「国力ノ発達人文ノ進歩ヲ阻滞(そたい)スル」，学生生徒は漢字学習に時間を浪費して，ほかの知識を獲得する時間を失っている，したがって「国字国語国文ノ改良」が必要不可欠で「国家ノ事業」として調査と実行を期する，としています（井之口有一『明治以後の漢字政策』日本学術振興会，1982年，27頁より再引用）。

　前島密の「漢字御廃止之議」と似ていますが，衆議院・貴族院でともに建議として可決，紆余曲折(うよきょくせつ)を経て，1902年3月に文部省の国語調査委員会として官制公布されました。

　そして同年7月に国語調査委員会は基本方針を発表します。そこでは，漢字を使用せずにカナ，ローマ字の得失を検討すること，言文一致体を採用すること，音韻(おんいん)調査，方言調査をおこなって標準語を選定することがかかげられました。国家として「国語」を整備していくことが宣言されたといってよいでしょう。この国語調査委員会の主事として事務を中心に担ったのが上田万年でした（委員長は政治学者・東京帝国大学総長などを歴任した加藤弘之(かとうひろゆき)（1836年〜1916年）で，ほかに前島密や上田ふくめて12名）。「国語」の「ミガキアゲ」がはじまったのです。こうした方針や上田の主張などをみると，ここで想定されている「国語」とは，全国的な調査にもとづき，漢字をできるだけ用いず，表音的かなづかいで表記された言文一致体のもの，ということになります。

　こうした動きと並行して，学校教育では大きな変化が生じていました。1900年の小学校令改正では，教育する漢字を制限し，かなの字体を統一，さらに教科書の口語文だけですが，漢字の音をあらわす「字音仮名遣い」の表音化がはか

られ，長音符「ー」（棒引）や拗音・促音符（「ッ」「ャ」「ュ」「ョ」）が使用されました。「字音仮名遣い」の表音化のメリットは，それまでは，要・羊・葉・容などと異なるかなづかいをしなければならなかった漢字音をすべていま現在の発音「よう」で済ませることなどがあげられます。このときは長音符を用いて「よー」と表記されました。一方で和語についての「国語仮名遣い」はそれまでのままでした。

　たとえば1904年に国定教科書として編纂された『尋常小学読本　二』から例をひきます。「チョーチョ　ガ　マフ　ノ　モ　コレ　カラ　デス」という一文がありますが，口語体で，わかちがきがなされています。この一文では「蝶々」が字音かなづかいの対象ですが，それまでのかなづかいの「テフテフ」ではなく「チョーチョ」になっており，長音符と拗音符が使われています。一方で，国語かなづかいの対象の「舞ふ」は表音的な「マウ」ではなく従来通りの「マフ」と表記されています。少し複雑ですね。

　こういう表音化の前提としては，やはり就学率の上昇と，それでいて中等教育への進学率は決して高くないという状況が考えられます。たとえば1905年刊行の上田万年『普通教育の危機』は，漢字制限・表音的かなづかい採用を唱えたものですが，そこでは1903年の文部省の統計に依拠して，尋常小学生徒数が約400万人，高等小学生徒数が約100万人である一方，中等教育に該当する中学校・高等女学校生徒数が約12万人，大学生が約4000人にすぎないことを強調しています。初等教育で終わる者が圧倒的だからこそ，表記をより簡単にして，しっかりと初等教育で教育すべきだというのです（上田万年『普通教育の危機』冨山房，1905年，59〜62頁）。

　しかし，初等教育・口語文・「字音仮名遣い」という条件で表音化するという

のは，児童・生徒には混乱をもたらします。先の例でいえば「マウ」と発音しているのになぜ「マフ」と書かなければならないのか，ということを児童が納得できるように説明するのはかなりむずかしいと思います。表音的な「字音仮名遣い」に慣れて中学生になった生徒が，あらたに従来の「字音仮名遣い」を習得するのにも時間がかかります。実際に児童・生徒に試験をしたところ，かなづかいに混乱がみられることがわかりました※11。そこで文部省は思いきった案を考えます。1905年3月に文部省は「国語仮名遣改定案」を諮問※12し，初等・中等教育，口語文・文語文，「字音仮名遣い」・「国語仮名遣い」を問わず，すべて表音的かなづかいにしようとしました（『官報』6517号，1905年3月25日）。そこで示された文語文の一例をあげます（漢字は新字体になおしていません。ふりがなは原文のまま）。

> 瓜生岩わ福島縣の人なり，十七歳のとき會津藩士瓜生氏に嫁ぎたりしが，よく夫としゅーと，しゅーとめとにつかえ，下男，下女をいたわり，もっぱら家事をはげみたりしかば，家のもの，みな，むつみあいて樂しく，くらしたりき。

　かなり革新的といってよいでしょう。この諮問に対して国語調査委員会・府県師範学校・帝国教育会（高等教育会議は答申を国語調査委員会に委任）がそれぞれ答申をまとめましたが，助詞の「は，へ，を」は表音化すべきではない，長音・促音・拗音符は使わないなどの意見は出たものの，基本的には文部省の諮問の方向に賛成でした※13。

効率と国体のあいだ

　ところが，この改定案には賛否両論が噴出し，文部省は議論をまとめきれませんでした。そこで，すでに答申があるにもかかわらず，臨時仮名遣調査委員会を1908年に設置し諮問します。文部省の諮問は字音かなづかいの棒引をなくした程度で，かつ教科書に限定することを明言していましたが，1908年7月に成立した桂太郎内閣で文部次官が改定反対の岡田 良平（1864年〜1934年。京都帝国大学総長や文部大臣を歴任）となり，9月に諮問は撤回，1900年以前のかなづかい――いまでいう歴史的かなづかい――にもどります。

　ここで，改定案反対の立場から結成された国語会というあつまりの主張をみてみましょう。国学者が中心となり，東久世通禧（伯爵，1834年〜1912年。幕末の尊王攘夷派の公家として知られます）が会長となったこの会ですが，国語会の「趣旨」には「国語の独立は一国の独立を明にするものにして，その盛衰はやがて国運の消長に関す。今軽率に之が改定を企てゝ，その決行を計るが如きは歴史の何たるを思はざるものなり」という部分があり，その「意見書」では文部省の改定案は「一国の歴史を破壊し，言語を乱り，延いて国運の消長にも関すること少しとせず」とか，「我国体も国語も共に金甌無欠〔まったく欠けたところがない〕にして，未だ嘗て他の侵犯を受けし事なし」といった部分があります（文部省『明治三十八年三月 仮名遣改定案ニ対スル世論調査報告』1906年，10〜12頁）。この「国体」とは「くにのかたち」，つまり「万世一系の天皇の統治」

※11　詳しくは文部大臣官房図書課『仮名遣試験成績表』（文部省，1905年）を参照。

※12　諮問とは専門機関に意見を求めること。もどってくる意見は答申と呼ばれます。

※13　この間の経緯について，詳しくは文部大臣官房図書課『仮名遣諮問ニ対スル答申書』（文部省，1905年12月）を参照。

を意味しています。それと「国語」とを同じようにとらえているのです。

　上田もナショナリズムと結びつけて「国語」を論じている点で国語会とそうかわりません。しかし上田は「ミガキアゲ」ることを主張しました。国語会はそれが「歴史を破壊」することであり「国運」「国体」に影響があるとする点が異なります。そもそも「金甌無欠」である「国語」に手をつけるな，それは「国体」＝天皇を傷つけることだ，というのです。天皇の名のもとに改善を拒絶するわけです。たとえば，歴代天皇の名前を正確に書き記すことができないではないか，といったようなことなのですが，現在からみたらあまり説得力のないこの主張も，当時にあってはかなり重要な点でした。どんなに時間と労力がかかろうとも，国民みなが従来のかなづかいにしたがって書き記せることが大きな意味をもつと考えていた人たちがいたのです。

　このように国家にとって「国語」は不可欠であるとしながらも，わかりやすさ，効率のよさを「国体」との関連でどこまでどう認めるのか，という議論の軸が生じたのです。

国語に国民的精神が宿る

　以上の点をふくめて，ここでは「国語」に次にみるような役割があたえられていることに注目します。

　上田万年の教えを受けた国語学者・保科孝一（ほしなこういち）（1872年〜1955年）が1901年に刊行した『国語教授法指針』（宝永館）のなかで，「国語わ国民的精神お涵（かん）養し，国民の品性お陶冶（とうや）する上に，最も有力なものである」としています。「国語」に「国民的精神」を養う役割をあたえるのです。そして「愛国語心」の養成をうったえ，「我々がいかに国語お愛しても，その国語がすこぶる不整頓（ふせいとん）であったり，

又わ，その教育が甚だ<ruby>甚<rt>はなは</rt></ruby>だ不完全で」あったら，「<ruby>到底<rt>とうてい</rt></ruby>国民的精神養成の大目的お，達成することができない」とします（1〜6頁）。この主張は国語会の人びとも否定はしないでしょうが，おそらく「不整頓」ということは認めないでしょう。そもそも「金甌無欠」なのだし，歴史を乱してはいけないのですから。

　しかし，上田や保科にとっては，この「不整頓」を「整頓」してできるのが「標準語」なのです。そして，保科のなかでは制度としての「国語」の整備が，精神教育の達成と結びつけられていくのです。上の引用をみると，助詞が表音的（たとえば「品性**お**」「又**わ**」）で，促音符が使われている（たとえば「あ**っ**たり」）ように，この当時文部省が推奨していた表記法を積極的に用いていることがわかります。保科孝一は東京文理科大学（現在の<ruby>筑波<rt>つくば</rt></ruby>大学）教授を長くつとめ，学校教員の育成にかかわり，また文部省の国語政策にこのあとも関与していく人物です[14]。

　ともあれ，国家を運営する制度としての「国語」だけではなく，「国民的精神」が宿るものとしての「国語」という側面も登場してきたことを確認しておきます。ただ，こうなると，「国民的精神」の内実を具体的に示すことがむずかしいように，「国語」もあいまいなものをふくむことになってしまいます。

　しかしながら，効率と国体のあいだ――いいかえれば，理性と情緒<ruby>情緒<rt>じょうちょ</rt></ruby>のあいだ――でバランスをとりながら「国語」は存続していくことになります。そしてこのバランスのとり方は，人により，時代により，そして社会状況により，さまざまなあり方を示すことになります。

※14　保科孝一の自伝に，『国語問題五十年』（三養書房，1949年）があり，どういった思いで国語政策にかかわってきたのかをうかがうことができます。

5. 植民地支配と「国語」について考えてみよう

「国語」の移植

　さて，3章の冒頭でも指摘しましたが，制度としての「国語」は国家のインフラのひとつにすぎません。インフラだから「標準語」を習得して適応できればそれなりに得るところはあります。必要に応じて利用すればよいわけですし，習得する過程で「方言」を青田節のように「改良」する必要もない，と考えることもできます。

　ところが，「国民的精神」が宿るという「国語」観は日清戦争・日露戦争を経るなかで疑われることなく浸透していきます。

　そして，インフラだからこそ，海外領土を獲得していくなかで，その地にも「国語」が移植されていくことになります。日清戦争の結果として日本は1895年に台湾を植民地としますが，翌年に国語伝習所を設置，「国語」としての日本語の教育を開始します。1898年には国語伝習所のかわりに公学校を設置し，台湾人子弟の教育が本格化します。

　なお，北海道のアイヌの人たちへの教育については，1899年に「北海道旧土人保護法」（1997年廃止）が公布され，これにともない1901年に「旧土人児童教育規定」が公布されます。これにより日本人児童と別学となり，教科目も国語・修身・算術・体操・裁縫（女子のみ）・農業（男子のみ）とかぎられたものとされました。アイヌ語を話す子どもたちに日本語が「国語」として教えられたのです。制度としての「国語」にとりこまれたことを意味しますが，このことはアイヌ語話者が減少していった大きな要因となりました[1]。

「国民的精神」の移植と「国語」── 「口語法」の欠落

　くりかえしますが，「国語」の中身が完成されていたわけではありません。そ

して移植のことを考えれば，より「ミガキアゲ」られた効率のよい方がのぞましいことになります。たとえば，台湾を植民地としてから10年も経たない1904年のことです。日露戦争がはじまり，日本軍が中国大陸の主戦場・旅順（りょじゅん）を攻めあぐねていたころ，辞書『言海（げんかい）』（初版，1889年〜1891年刊行）の著者・大槻（おおつき）文彦（ふみひこ）（1847年〜1928年，国語調査委員会委員。1章で登場した大槻玄沢の孫，図12）は，国学院卒業式の「演説」で以下のようなことを述べます。

　　先づ人の国を取（ま）れば，その国の人民を日本語に化（か）せしめるが第一であります。日本は十年前に支那から台湾を取つたが，その人民に向つて日本のどの言葉を教へてよいやら分らないで，盗人を捕へてから縄（にわ）で俄（にわ）かに話言葉の規則を拵（こしら）へて教へて居（お）りますが俄か仕事で十分ではありませぬ。これから日本の風化（ふうか）を朝鮮満洲（まんしゅう）に発展させるのには第一が言葉ですが，日本のどういふ一定の話言葉（はなし）を行はしめようか方向が立たないで居ります。
　　（大槻文彦「国語の発展について」『国学院雑誌』10巻8号，1904年8月，8〜9頁）

　「風化」とは大槻の『言海』によれば，人びとの風習がよい方に変化すること，とあります。「人の国」をとったら，日本語を話させて生活風習を日本風に改良する，そのためには日本語の話しことばを教える必要があるが，その基準と規則が定まっていない，泥縄式（どろなわ）になっていると嘆いているわけです。いまからみればなんとまぁ帝国主義的な，とあきれるわけですが[※2]，保科のいうように「国語」に「国民的精神」が宿るのであれば，「国語」を台湾の人びとに教えれば「国民的精神」をも教えこむこと——「風化」——ができることになるので，大槻にしても突拍子（とっぴょうし）もないことをいっているという意識はなかったことでしょう。

図12　大槻文彦

「国語」に「国民的精神」が宿る，という前提を疑わなかったということです。それこそが「帝国主義」[2]なのでしょうけれども。

　ちなみに，この前提に疑問をもったのが，上田万年に教えを受けた時枝誠記（ときえだもとき）（1900年〜1967年）でした。時枝は植民地朝鮮に設立された京城（けいじょう）帝国大学法文学部の国語学の教授だったときに，「国語」が上田のいうように日本人の精神的血液ならば，朝鮮語は朝鮮人の精神的血液なのではないかということに気がつきます。しかしそこから，朝鮮語よりも「国語」が優位であるので，朝鮮人

※1　詳しくは小川正人『近代アイヌ教育制度史研究』（北海道大学出版会，1997年），麓慎一『近代日本とアイヌ社会』（山川出版社，2002年），坂田美奈子『先住民アイヌはどんな歴史を歩んできたか』（清水書院，2018年）などを参照。また，アイヌは北海道だけではなく，樺太（からふと）（サハリン）や千島列島などにも住んでいました。こうした地域に勝手に国境線がひかれることの意味については，中山大将『国境は誰のためにある？——境界地域サハリン・樺太』（清水書院，2019年）などを参照。

※2　正確には，植民地支配を肯定する帝国意識といった方がよいでしょう。帝国主義については大澤広晃『帝国主義を歴史する』（清水書院，2019年）などを参照。

はみずからよろこんで朝鮮語を捨て，「国語に帰一（きいつ）」すべきだ，という主張を展開しました。結論は同じになるわけです※3。

　はなしをもどしますが，先述した国語調査委員会の調査方針にもとづいて1903年に口語法・音韻調査がアンケート方式でおこなわれ，『音韻調査報告書』（1905年），『口語法調査報告書』（1906年）がまとめられます。さらに報告書や文献をもとに，大槻が中心となり国語調査委員会が編纂したものが『口語法』（1916年）・『口語法別記』（1917年）でした（文部省刊行）。大槻自身が1904年の演説でいっていた「話言葉の規則」をこしらえたのです。その『口語法別記』の「端書（はしがき）」にはこのようなことが書いてあります。

　　東京の教育ある人の言葉を目当（めあて）と立て，そうして，其外（そのほか）でも，全国中に広く行われて居るものをも酌（く）み取つて，規則をきめた。かようにして出来たのが本書の口語法である。台湾朝鮮が，御国（みくに）の内に入つて，其土人を御国の人に化（か）するようにするにわ，御国の口語を教え込むのが第一である。それに就（つ）いても，口語に，一定の法則が立つて居らねばならぬ。口語法わ，実に，今の世に，必用なものである。
　　　　　　　　　　　　　　　　　　　　　　　　　　　　　　　　（3頁）

　この「土人」は『言海』によれば「其国土ニ生レツキタル民」のことで，現在の差別的ニュアンスはありません。しかし，「北海道旧**土人**保護法」などといった用例もあり，この大槻の文章でも「土人」は教化（「御国の人に化する」こと）の対象とみているわけですので，平等な関係が前提になっていないことは確実です。

　ともあれ，ここでは「東京の教育ある人」のことばを口語の基準としています。

「標準語」の定義といえます。そしてこれを教えこめば植民地の人びとを「御国の人」にできるが，口語の法則がなければ教えることもできないということも述べています。「台湾朝鮮が，御国の内に入つて」と大槻が述べているように，1895年の台湾植民地化，1910年の韓国併合を経るなかで，植民地支配における「国語」の役割が明確に意識されてきました。

　その役割を効果的に発揮するには，かなづかいは簡素な方がいい，発音と文字とが一致している方がいい，と大槻は考えていました。たとえば，先にふれた1908年の臨時仮名遣調査委員会の委員として大槻は以下のような発言を残しています。

　　今日ハ台湾朝鮮満洲其外（そのほか）ヘモ日本ノ言葉ヲ弘（ひろ）メネバナラズ，又外国人ニモ
　　学バセネバナリマセヌ，ソレニ発音ト文字トガ変ハツテ居ルト云（い）フコトハ
　　ドウモ不都合デハアルマイカト思ヒマス

　　　　　　　　　　　（『臨時仮名遣調査委員会議事速記録』文部省，1909年，58頁）

　先の『口語法別記』での大槻の主張とあわせて考えれば，簡単な表記であっても国民的精神は「国語」に宿りつづける，ということでしょう。

　実際に，台湾総督府が編纂して初等教育で使用された教科書『台湾教科用書国民読本』（1901年〜1903年刊）をみると，以下のような表記になっています（図13）。

　　　この　　生徒　わ　べんとお　お　すましてから，　山お　　おりて，

※3　詳しくは安田敏朗『植民地のなかの「国語学」──時枝誠記と京城帝国大学をめぐって』（三元社，1997年）を参照。

図13 『[台湾教育][会用書]国民読本』　さし絵が台湾風です。

　　今，　下の町　え　きました。　町の　りょおがわ　にわ，　いろ＼／の
　　物　お　うる　店　が，　たくさん　ならんで　います。

（巻6　10課　「遠足　二」）

　植民地朝鮮の場合もそうですが，低学年ではこのような表記であっても，学年があがるにつれて，日本内地の教科書と同様のかなづかいとなっていきました。余計に混乱するようにも思いますが，発音と表記が一致していた方が初学者にはわかりやすいとはいえるでしょう。

　それはともかくとして，説明不能な国民的精神までおしつけられた側は，それをすんなり受けいれることができるのでしょうか。

朝鮮半島と「国語」

　1910年の韓国併合にいたる過程をここでは詳細に追いませんが，1875年に日本側が起こした江華島事件（こうかとう）をきっかけに翌年朝鮮の李王朝（り）と結んだ日朝修好条規（江華条約）は，幕末に日本が欧米諸国と締結したのと同様の不平等条約でした。朝鮮半島に対して独占的な影響力をもちたかった日本にとって，日清戦争や日露戦争は，清国やロシアの影響力を除去するための戦争でした。こうした流れのなか，李王朝でも一国の独立を達成するための近代化への動きがあり，独自の文字（現在，大韓民国ではハングルと呼びます）を「国文」（クンムン）と積極的に称し，中華文化圏の影響力の象徴である漢文からの距離をとろうとするなど，日本でもみられたような言語ナショナリズムが勃興（ぼっこう）してきます。制度としての「国語」，象徴としての「国語」を整備しようとしていくわけです。

　日露戦争の最中の1904年に日本は第1次日韓協約を締結し（1897年に朝鮮の李王朝は大韓帝国と名称をかえています），財政・外交部門に日本人顧問を送りこみます。翌年の第2次協約では外交権を奪い，統監府（とうかんふ）を設置，保護国とします。1907年の第3次協約では軍隊を解散し，日本人次官が内政をとりしきるようになります。そしてついに1910年8月に韓国併合となり，韓国政府は解体，朝鮮総督府（そうとくふ）が設置されます。

　この間，1906年の普通学校令・高等学校令で，「国語」（クゴ）という教科が設置されましたが，ここで教えられるのは朝鮮語です。日本語は「日語」という教科で必修化されます。学校の教科目で「国語」が設置されたということは，制度としての「国語」が整備されてきたことを意味しますが，韓国併合の翌年，1911年の朝鮮教育令では日本語が「国語」（こくご）として教育されることとなります。制度としての「国語」の中身が朝鮮語から日本語にとりかえられたのです。中

身がかわっただけではなく，朝鮮教育令第8条には，

> 普通学校ハ，児童ニ国民教育ノ基礎タル普通教育ヲ為ス所ニシテ，身体ノ
> 発達ニ留意シ，国語ヲ教ヘ，徳育ヲ施シ，国民タルノ性格ヲ養成シ，其ノ生
> 活ニ必須ナル普通教育ノ知識技能ヲ授ク　　　　　（読点は引用者による）

とあります。「普通学校」は朝鮮人児童のための初等教育機関ですが，「国民タ
ルノ性格ヲ養成」することと「国語ヲ教ヘ」ることとが密接に関連しているこ
とが示されています。

　そして教育方法としては，媒介言語を使わない直接法が採用されました。つ
まりこの場合は，朝鮮語を用いて日本語を教えるのではなく，日本語でもって
日本語を教える教授法のことです。単純な比較はできませんが，先にみた『沖
縄対話』はいちおう琉球語との対訳という形式をとっていました。そういった
ことすらおこなわなかったわけです。台湾語や朝鮮語ができる日本人教員を育
成するという手間ひまかかることを避けたのでしょう。こうしてむりやりに日
本国民とした人たちに教育を施していったわけですが，台湾人もふくめて，植
民地支配のなかでは平等な国民としてあつかわれなかったこと（たとえば，義
務教育は台湾では1943年に実施，朝鮮では1946年からの予定でした）も，お
さえておいてください[4]。

　こうしたなかで，たんなるインフラとしてばかりでなく，「国民的精神が宿る」
といった「国語」の窮屈さまでも，もちこんだわけです。台湾は50年，朝鮮は
35年，日本の植民地だったので，徐々に「国語」優位な体制がつくられ，この
インフラから「国語」以外の言語，台湾語や中国語，朝鮮語が排除されていき

図14　朝鮮での国語講習会　成人女性にも「国語講習会」で日本語が教えられました。

ました（図14）。

国民科国語と植民地

　そして，1941年4月から日本内地・台湾・朝鮮に国民学校令が施行されます。同じ法令が施行されたわけですが，この国民学校令施行規則第4条にはこのようにあります。

> 　国民科国語ハ，日常ノ国語ヲ習得セシメ，其ノ理会（そりかい）カト発表カトヲ養ヒ，国民的思考感動ヲ通ジテ国民精神ヲ涵養（かんよう）スルモノトス（読点は引用者による）

　国語を通じて国民精神（ここまでみてきた国民的精神と同じと考えてよいでしょう。以下，国民精神と表記します）を養うということが公的に記載されて

※4　詳しくは駒込武『植民地帝国日本の文化統合』（岩波書店，1996年）などを参照。

います。植民地が日本内地と一体化していくこともみてとることができます。ところで，文部省が発行した国民科国語の教師用解説書には国民精神についての解説があります。引用します。

　　　国民精神は，皇国の道に基づいて発揮せられる。しかもそれは，無窮に生々発展する皇国の相を体現して，あらゆるものを包摂する博大な精神である。義勇奉公を中核として活動することは勿論であるが，また優にやさしい「もののあはれ」を知る心もそれであり，外来文化を摂取して，これを自家薬籠中のものとなし，独自の文化を創造展開して行く精神もそれである。　　　　　　　　　　（文部省『初等科国語一　教師用』1942年，8頁）

「皇国の道」は「国体の精華」とも表現されていますが，いまひとつよくわかりません。おそらく，天皇に絶対的にしたがうというようなことでしょう。はたして当時の人びとはみな理解できたのでしょうか。

　時が前後しますが，たとえば台湾の公学校（台湾人児童向けの初等教育機関）で校長をしていた人物はある著作のなかで

　　　日本語を教へることは，日本精神を教へることであり，日本式生活様式を行ぜしめることでなければならぬと言ふことになる。つまり，言（日本語），心（日本精神），事（生活様式）の一元化，其処に国語教育の本義があるのである。（山崎睦雄『二語併用地に於ける国語問題の解決』新高堂書店，1939年，13〜14頁）

と述べています。国語教育といっているので，国語を教えることは国民精神＝

日本精神を教えることであり，それは「会話一元」，つまりは日本人らしい自然な日本語を話すような指導を通じてなされる，ということのようです。日本精神は「皇国の道」ともなにか少しちがう感じもしますが，よくわかりません。「事（生活様式）の一元化」ということは，身体所作も日本人のようにせよ，ということなのでさらにわけがわからなくなります。

　冷静に考えれば，たとえばアメリカ人のように英語を話せたからといって，考え方からなにからアメリカ人になるわけではありません。しかし，そうさせようとしたわけです。先ほど，効率と国体のバランスといいましたが，効率の側面を欠いても，国体に寄った形で教育をしようとしたとみることもできます。

　もちろんここでいう「アメリカ人」という概念も多様であいまいなものですし，「自然な日本語」が存在するのか，という問題はひとまずおいておきますが，日本の植民地で教育を受けた人びとの話す日本語を，たとえば台湾では「変態的国語」（山崎睦雄）とか「台湾語的国語」（図15, 85頁）と称して矯正の対象としていきます。「自然な日本語」ではないという理由からです。

　しかしたとえば，「変態的国語」のなかで「台湾語を直訳して使用するもの」としてあげられている例をみると，「水（お茶・酒・煙草）をタベル＝のむこと」はたしかに直訳のようですが，「蛙ノ子供＝おたまじやくし」「豚ノオ母サン＝親豚又は豚の牝のこと」などを「変態的国語」というのは，なにがいけないのか，丁寧な説明が必要です（山崎睦雄，同前，349〜350頁）。

　図15をみても，「イツポンノエンピツデカク」を「台湾語的国語＝自然な日本語でない」としているのはどういうことなのでしょうか。どうやら「イツポンノ（一本の）」が余計だからのようですが，これは日本人側の恣意的なものを感じます。

　では，こうした「上から目線」の判断をする日本人教師が，どういったこと

ばを使っていたかといえば，先の大槻が指摘したように，教える側の日本語，とりわけ話しことばが一定していませんでした。これは日本での標準語教育の問題もあって，簡単に解消する問題ではありません。

　たとえば，山形県出身で台湾の宜蘭（ぎらん）高等女学校の教諭であった人物は，「渡台（とたい）〔台湾に渡った〕当時「金色」を「チンイロ」と読んだと児童に指摘されて，正しいと自認してゐた自己の発音に信を置けなくなつた」（齋藤義七郎「台北市児童の方言」『国語研究』7巻1号，1939年1月，30頁）と述べています。教える側が「正しい日本語」を習得しておらず，それを台湾人児童から指摘されるという構図です[5]。

植民地で「国語」を学ぶこと

　「国語」を学校教育などで学んだ側はなにを思ったでしょうか。「国語」はインフラなのだからうまく使いこなせばよい，という考え方もあります。しかし，そこに国民精神などよくわからない要素がもりこまれてしまうと，窮屈になります。

　1929年に植民地であった朝鮮の釜山（プサン）で生まれた詩人・金時鐘（キムシジョン）は，普通学校で国語教育を受けるのですが，こう述べています。「意識というのはことばの蓄えですが，私の意識の下地に敷き詰められているのは，少年期を形作った言葉である日本語です」，そして1945年8月15日以降に，「朝鮮語の読み書きを知らなかった私は，壁に爪を立てる思いで学んだものです」と。そのことを忘れないためにも「ごつごつとした日本語で詩を書いてきました」というのです（「語る——人生の贈り物」『朝日新聞』2019年7月17日）[6]。

　対照的なのが，植民地台湾で国語教育を受け，戦後も台湾で俳句をつくりつづけていた黄霊芝（こうれいし）（1928年〜2016年）はあるインタビューで日本語について

臺灣的國語

朝晩ノ時（朝晩）	オ父サンハ私ニイッテ町ニイイイマシタ／オ父サンハ私ニ町ニイッテイイマシタ／イキナサイトイイマシタ	私ハ私ノオ父サント水ヲタベマス（ノミ）	イチニンノ人ガ歩イテイマス（一人ガ）	イッポンノエン筆デカク（鉛筆デ一本）	花ガ死ニマシタ（枯レマシタ）／五錢ヲモッテ紙ヲカイマス（デ）
今日ノ晩（今晩）	町ニイッテ紙ヲ買イニイッテキマシタ／町ニイッテ紙ヲ買イマシタ	先生ハ煙草ヲ吸テイマス（ヘス）	イツビキノ犬ガネテイマス（一匹）	タケヲモッテウチマシタ（竹デ）	木ガ死ンデイマス（枯レテイマス）
明日ノ日（明日）	昨日市場ニ行ッテ野菜ヲ買ニ行キマシタ／昨日市場ニ行イッテ野菜ヲ買イマシタ	一冊ノ本ヲ借リマス（本ヲ一冊）	ウンニ考ヘマシタ（考ヘ）	筆ヲモッテ字ヲカキマス（デ）／マッチヲモッテ火ヲツケマス	コノ木ハ死ニデス（枯レニ）
ヒガクレルノ時（夕方）	本町ニ行ッテ自動車ニ乗リニ行キマシタ／自動車ニ乗ッテ本町ニ行ノリ				
昨夜ノ夜（昨夜）	野原ニイッテ寫生ニイキマシタ／野原ニイッテ寫生ヲシマシタ／寫生ヲシマシタ／私ニクレルノイイイイデスカ／私ニ下サイイイダステモイイデスカ				

図15　「台湾語的国語」　上段より下段にかけて，公学校第1学年〜第6学年の「語法ノ誤謬(びゅう)例」。

※5　詳しくは安田敏朗『かれらの日本語——台湾「残留」日本語論』（人文書院，2011年）を参照。

※6　詳しくは金時鐘『朝鮮と日本に生きる——済州島から猪飼野へ』（岩波書店，2015年）などを参照。

こう語っています。日本語は「最初は便利だと思って習ったんです。〔……〕言いたいことが言える。日本語は非常に「ずるい」言語ですね。例えば漢字と仮名の組み合わせがあるし，この組み合わせにもいろいろあるし〔……〕まるで大工さんがいっぱい道具を持って仕事をするような都合のよさですね。これを利用すればより完璧なものができる。日本語はそういう非常に都合のよい言語だと思うんです」（磯田一雄「台湾における日本語文芸活動の過去・現在・未来——俳句を中心にその教育文化史的意義を点描する」『成城文芸』197号，2006年12月，52頁）。都合のよい道具であった，というとらえ方です。

　どちらがどうというわけではありません。こうした両側面をもつのが「国語」であり，植民地での事例をみることによって，この両側面がより明確になってくるのではないかと思います。もう少しいえば，植民地は日本を映しだす鏡であり，植民地の問題や植民地起源の問題を考えることは，いま現在もふくめて日本の問題を考えることにつながるのです。

「満洲国」と「国語」

　もうひとつ，日本語が「国語」であった地域について簡単に紹介します。
　中国の遼東半島に駐屯していた日本陸軍（関東軍）が1931年に柳条湖事件を起こし，1932年に日本の傀儡国家「満洲国」を中国東北部につくります。いくら傀儡とされても，とりあえずは国家としての体裁を整えなければなりません[※7]。「満洲国」は「五族協和」をスローガンとしていました。五族とは日本・漢族・満洲族・モンゴル（蒙古）族・朝鮮族とされていました。その後，日中戦争がはじまる1937年を画期として日本語の普及が本格化します。たとえば，公文書で日本語を正文とし，官吏登用制度での日本語重視（それにともなう語

図16　『学校令及学校規定』　上段が中国語，下段が日本語の二言語表記。
「康徳」は「満洲国」の元号で，「康徳四年」は1937年になります。

学検定試験の実施），言語政策機関の設置，教科目としての「国語」に「満洲語」
（これは中国語を「満洲国」側が呼びかえたもの）「蒙古語」とともに「日本語」
をふくめる（1938年施行「新学制」において）ことなどがあげられます。ただ，
教育制度のなかの「国語」では二言語が教育されましたが，そのうちの一言語
は必ず「日本語」とされました。また語学検定試験においても，日本人であれ
ば「満洲語」か「蒙古語」を選択できましたが，日本人以外は「日本語」の試
験しか受験できませんでした。

　一見，二言語併用体制のようにみえますが（図16），「国語」のなかで「日本語」
を優位にする政策がとられていたことになります[8]。

※7　詳しくは山室信一『キメラ――満洲国の肖像』（中公新書，1993年，増補版，2004年）を参照。
※8　詳しくは安田敏朗『帝国日本の言語編制』（世織書房，1997年）の第3部を参照。

6. 漢字を使わない「国語」について考えてみよう

世界で競争するための「国語」

　さて，少し時間をもどしましょう。先にふれたように，国語調査委員会はその方針のなかで漢字を使用しない表記法を提唱しようとしましたが，これについては具体的な成果をあげることなく，1913年に活動を停止します。

　その翌年の1914年，日本語のローマ字表記を主張する日本のろーま字社は，東京帝国大学教授で物理学者・田丸卓郎（1872年〜1932年）の『ローマ字国字論』を刊行します。学生やインテリに支持されたそうですが，そこでローマ字使用の理由を以下のように述べています。

　　一，我々は，世界に於ける烈しい実力の競争に負けない為に，教育をもつと有効に且つ経済的にすることを勉めねばならない。それには，日用文字に漢字を使ふことを止めて，ローマ字を日本語の正式な字にせねばならない。
　　二，ローマ字を日用文字にすることは，同時に，内は日本語の健全な発達を促し，外は日本語の世界的発展を助け，其外一般生活に，商業に，印刷に，外交に，直接間接に要用な利益を与へる。

　　　　　　（田丸卓郎『ローマ字国字論』日本のろーま字社，1914年，52〜53頁）

　世界での競争に負けないため，日本語の世界的発展を助けるため，ということばに目がいきます。そのためにはインフラとしての「国語」をより効率よくしていく必要がある，ということです。

　同じ1914年に山下芳太郎（1871年〜1923年）という人物が『時事新報』（6月3日）に「国字改良の急務」という論説を掲載します。そこでは「印字器」（ふりがなは原文）という「文明の利器」が日本語で利用できれば，日本が「世界

の競争場裏に角逐せんと欲す，豈難からずや」，つまり世界と対等に競争できるかもしれないから，としてタイプライターに日本語をのせるための「国字の改良は時勢の要求」であるとしています。国際競争でうちかつという発想は，外交官出身で，このとき住友銀行神戸支店支配人であった山下ならでは，といえるかもしれません。パソコンなどでつくった文書がすぐに印刷できる現在ではピンとこないかと思いますが，欧文タイプライターは，打ったその場で文書ができあがるので，手書きの場合に必要な清書も不要で，きわめて効率的でした。それに対して和文タイプライターは1915年に製造はされていますが，操作は簡単ではなく，使える漢字にも限界がありました。ほとんどが筆などで清書するわけですので，1909年にイギリスに留学した伊藤 忠 兵衛（二代，1886年〜1973年，伊藤忠商事などの社長）はタイプライターで次々と文書を速記させている光景を目の当たりにし，機関銃に対して鎧兜で戦っているようなものだ，と衝撃を受けています[1]。

　この山下について特筆すべきは，たんなる主張に終わらせずに実行に移したことです。1920年に仮名文字協会を設立し，そこからマニフェストというべき『国字改良論』を刊行します。その「方針」では「仮名文字を以て印刷せる文書を世間に拡むる事」「仮名文字の『タイプライター』を製作する事」などがかかげられています。そして1922年2月，カタカナで書かれた機関誌『カナ ノ ヒカリ』を刊行し，同年7月山下は職をすべて辞し，カナモジ運動に全力を注ぎます。残念ながら1923年に志なかばで病に倒れてしまいましたが，アメリカのアンダーウッド社に開発を依頼したカナタイプライターが輸入され，日本語の機械化が促進されました。1924年に仮名文字協会をカナモジカイと改称し，伊藤忠兵衛をはじめとして実業界を中心に支持者をあつめていきます。現在もカ

図17 『カナ ノ ヒカリ』（7号，部分）　明治天皇の和歌がかかげられています。

ナモジカイは活動をつづけています（図17）。

　パソコンなどでのカナ漢字変換がいとも簡単になされ，機械に搭載できる漢字の数も飛躍的に増えた現在からみれば，日本語の機械化のために漢字を廃止するという主張はナンセンスに思えます。しかし，この変換システムが開発されていなかったらどうでしょうか。そういう時代が長くつづいていました。そうした時代にあっては，インフラとしての効率をあげるためには漢字廃止の主張もきわめて合理的なものだったのです。たとえば，1954年に，カナモジカイの松坂忠則（1902年〜1986年）は，「何千という漢字を入れて能率の上る機械は永久にできないと私は断言していいと思うんです」と発言しています（「能率とことば（座談会）」『言語生活』36号，1954年9月，11頁）。いまもし松坂

※1　詳しくは伊藤忠兵衛「漢字全廃論——文字と能率」『中央公論』73巻6号（1958年6月）を参照。

が生きていたらばつの悪い思いをするでしょうが、この当時はそんなことはありませんでした。松坂の死去した翌年の1987年に、普及まもないワープロの可能性や書きことばの変化などを論じた本が出版されています[2]が、いま読みかえすと、なぜだか無性になつかしくなります。

　注意しておきたいのは、漢字廃止の主張をする人びとであっても、ほとんどが「国語」の歴史や国民精神が宿る、といったことを否定するものではなかった、という点です。例外的に、戦前に漢字と封建制を結びつけてその廃止を主張した人たち——ローマ字論者・エスペランティスト[3]の一部——もいましたが、悪名高い治安維持法違反容疑などで検挙されていきました[4]。制度としての「国語」と象徴としての「国語」が分かちがたく結びついていたということを示すものともいえます。

漢字は非科学的

　カナモジカイとは関係がありませんが、東京帝国大学教授で航空エンジンの専門家であった富塚清（1893年～1988年）は、1940年に刊行した一般向けの書籍『科学日本の建設』（文芸春秋社）で科学的思考や科学教育の必要性を説いていますが、そのなかにこのような一節があります。

　　日本の現在の国字や国語もこの科学主義の時代にふさはしくない旧時代的な非科学的な存在であり、これが国家の各方面に与へつつある損害は決して僅少なものでない。或る方面はこれあるが故に到底列強に伍して行けないとさへ感ぜられるし、また海外に日本の志を伸べて行かうとする時に、これが大きな障害になるとも考へられる。

（164頁）

として，漢字はやめてかなかローマ字にして横書きを採用し，明治以降大量に増えた漢語を整理し，かなづかいもやさしくすべきことを主張します（富塚はある時期まで日記をローマ字で書いていたそうです[5]）。漢字は不合理である，ということです。

　さらに，正確で迅速さが求められる「兵隊語」も日常のことばではなく，非能率的だと述べます。そして「日本語といふものは，正確に物を表現するには極めて不適当な言葉だ」「非科学的な言葉」だ，としています（174頁）。列強と対等になれないばかりか，引用後半にあるように，「海外に日本の志を伸べ」る，つまり中国大陸や東南アジアへの軍事侵略をおこなうときにも「国語」の不完全さが障害になる，という理屈も時代を感じさせます。「国益」と簡単に結びついてしまうのです。

　富塚は，敗戦後『科学日本の構想』（世界文化協会，1947年）を刊行します。これは『科学日本の建設』と「大体は同じものである」（1頁）と宣言しているので，「国語」の不完全さについても同じ指摘がなされています。ちょっと意地悪な私は，先に『科学日本の建設』から引用したところと『科学日本の構想』とを比べました。すると，「また海外に日本の志を伸べて行かうとする時に，こ

※2　紀田順一郎・古瀬幸広・三田誠広・荻野綱男『ワープロ考現学』日本ソフトバンク，1987年。

※3　エスペラントを使う人たちのこと。エスペラントとは，ラザロ・ルドヴィコ・ザメンホフ（Lazaro Ludoviko Zamenhof，1859年〜1917年。ロシア領ポーランドに生まれた眼科医）が考案し，1887年に発表した人工言語のことです。

※4　詳しくは安田敏朗『近代日本言語史再考Ⅴ——ことばのとらえ方をめぐって』（三元社，2018年）の第6章を参照。

※5　富塚は戦争中に「この戦争は負ける」と公言していたとのことです。詳しくは富塚清『ある科学者の戦中日記』（中公新書，1976年）を参照。ローマ字で日記をつけていたことについては，同書の24頁でふれています。

れが大きな障害になるとも考へられる」が削除されていました。さらに「兵隊語」について書いた段落はまるごと削除されていました（131頁，137頁）。時事的なものだから削除したといえばそれまでで，どうということもないのかもしれませんが，「大体は同じ」という表現は「科学的」ではないですね。このように，戦前と敗戦後にまたがって言論活動をしていた人の議論をみるときには，慎重な判断が求められます。ただ，日本語の非科学性という主張には変化はありません。

　また，東京帝国大学医学部教授であった三田定則（1876年〜1950年，法医学・血清学）は1929年に「漢字廃止論」という短い文章を発表しています。理科系の人たちにとっても漢字問題は重要でした。三田は，

　　世界競争の舞台に於て我等の日本をして優者の地歩を占めさせ様とするに第一に必要なる事は漢字の廃止である。

（三田定則「漢字廃止論」『日本医事新報』334号，1934年1月1日，22頁）

とこの文章をはじめます。三田の主張は漢字を廃止してカナを採用し，漢字習得にかかる時間を外国語学習にまわして「外国歴史とか，万国地理とか，或は物理，化学，数学等は適当に日本の実情にはまる様外国語で編纂された教科書を用ひ，平生の質問，応答やら，試験の際の答案なども外国語の修養の意味を加味してやる」といったことを述べています（同前）。とにかく漢字を使っていたら国際競争で負ける，といった意識がある程度共有されていたことがわかります。三田は東京帝国大学を1936年に定年退官後，翌年に台北帝国大学総長となります。

それにしても，小学校から英語教育がはじまり，英語で英語を教えるようになり，大学でも英語で講義をすることが奨励される今日このごろですが，そうなると，三田のいうように，漢字学習にかける時間がもったいないからということで，英語学習の時間確保のために漢字制限が強くなるのかもしれません。それはそれで嫌なはなしですが。

漢字制限と思想戦

　文部省は漢字制限に積極的でした。国語調査委員会が行財政改革で廃止になったあとも，臨時国語調査会，その後の国語審議会を通じて漢字制限を実現しようとします。カナモジカイなども協力していきますが，国語審議会は1942年に常用漢字1134字，準常用漢字1320字，特別漢字74字からなる標準漢字表を文部大臣に答申します。ゆくゆくは常用漢字のみに制限していこうとしていたようなので，「国語」への手入れを嫌う側が猛反発します。漢字制限は国体——天皇を頂点とするこの国のあり方——を破壊する，といった批判があいつぎ，標準漢字表をめぐる思想戦[6]の様相を呈します。アジア太平洋戦争中ということもあってか，こうした国体とからめた論難は激しさを増し，結局常用漢字などの区別をなくした形で骨抜きにされてしまいました。

　これは先にみた1905年ころの教科書のかなづかいをめぐる論争と似ています。制度としての「国語」の整備と，象徴としての「国語」とのバランスがうまくとれないと，このような議論をひき起こすようです[7]。

※6　思想戦とは思想と思想のたたかいのことですが，漢字制限を批判する側は，それを欧米（＝民主主義）の手先とみなしました。漢字制限を主張する側にそのような意図がないにもかかわらず。

※7　本章にかかわる詳しい議論は安田敏朗『漢字廃止の思想史』（平凡社，2016年）を参照。

7. 敗戦後の「国語」について考えてみよう

志賀直哉「国語問題」をめぐって

　1945年8月15日に，アジア太平洋戦争の戦闘終結宣言が，録音された天皇の声によって放送されました。この「終戦の詔書」，いわゆる玉音放送は，放送の状態もよくなく，むずかしい漢語が多用されていて，文体もふくめて音声だけで理解できるようなものではありませんでした[※1]。天皇の発する文書である詔書という最も権威のある書きことばが，音声に頼るしかないラジオで放送されることによって戦争が終結したということは，国民みなが読み書き話し聞くことができるものとしてつくられてきた「国語」が，結局は十分に完成していなかったことを象徴しているようにも思えます。

　1890年に明治天皇が示した形で発布された「教育ニ関スル勅語」も，教育現場で「奉読」がくりかえされていたにもかかわらず，その意味は音声から理解できるものではありませんでした。「皇祖　皇宗」が「コーソコソコソ」と聞こえてむずがゆい感じになったとか，「夫婦相和し」が「夫婦はイワシ」に聞こえたとかいったエピソードには事欠きません。

　ここまでくりかえし，制度としての「国語」という点を強調してきました。制度であるということは，いくらでもつくりかえることができる，ということです。そして，たとえば敗戦といった大きな社会変動が起こると，つくりかえる主体も方針も揺らぐことがあります。

　1945年の敗戦にともなって，いままでの制度に対する不満や不信が生じることになりました（これは「国語」にかぎったことではありません）。たとえば，作家の志賀直哉（1883年〜1971年）が1946年に以下のように述べています。

※1　詳しくは佐藤卓己『八月十五日の神話——終戦記念日のメディア学』（ちくま新書，2005年）を参照。

吾々は子供から今の国語に慣らされ，それ程に感じてゐないが，日本の
　国語程，不完全で不便なものはないと思ふ。その結果，如何に文化の進展
　が阻害されてゐたかを考へると，これは是非とも此機会に解決しなければ
　ならぬ大きな問題である。此事なくしては将来の日本が本統の文化国にな
　れる希望はないと云つても誇張ではない。

（志賀直哉「国語問題」『改造』27巻4号，1946年4月，94～95頁）

　志賀は子どものころから「今の国語に慣らされ」てきたといいます。さりげ
ない表現ですが，「国語」の本質をついているように思えます。そしてよく考え
たら「日本の国語」ほど不便なものはない，というのです。『和解』や『暗夜行
路』など数多くの作品があり「小説の神様」とも称された志賀が，小説で使っ
ていた「日本の国語」が不便だというのです。どこがどう不完全で不便なのか
の説明はないのですが，「文化の進展」を阻害するほどのものだったと考えて
いたようです。ちなみに先の富塚清の引用文には「国語も〔……〕非科学的存在」
という部分がありました。
　志賀の引用文中の「此機会」とは日本の敗戦のことなので，そのショックか
らこうしたことを考えたのかもしれませんが，志賀は，先にふれた森有礼が「英
語を国語に採用しようとした事を此戦争中，度々想起」したといいます。そして，
もし「国語」が英語だったら日本の文化ははるかに進んでいてこんな戦争はし
なかっただろうし，学校生活も学業も楽しかった，外国語という意識なしに英
語を話し，書き，日本独自の英単語もできていただろうと想像し，「国語に英語
を採用してゐたとして，その利益を考へると無数にある」（95頁）とします。英

語にしていたら戦争しなかったかどうかはともかく，志賀にとっては日本語でつくられた制度が不十分だった，とこの時点で考えていたことがわかります。

　そして，日本語の表記などの小手先の改革ではなく，英語ではない「世界中で一番いい言語，一番美しい言語をとつて，その儘[まま]，国語に採用してはどうかと考へてゐる」とフランス語を「国語」に，と主張します（96頁）。ちなみに，このフランス語への「国語の切換へ」の際に「朝鮮語を日本語に切換へた時」のことに言及しています（97頁）が，これは志賀の植民地支配に対する認識の薄さを感じさせます。

　小説の神様が日本語を捨てようとした，と森有礼とともに批判的に語られる出来事です。森はすでにみたように，国家の諸制度を担う言語の必要性を痛感したうえで，当時の日本語ではそれを担えないのだという認識をもっていました。志賀直哉の場合は日本語でつくった「国語」が不完全だった，だから「美しい」フランス語を「国語」にしたいと考えていたことになります。

GHQとローマ字

　志賀は著名な作家ですが，制度としての「国語」を直接つくりかえるほどの力はありません。しかし，志賀がこの文章を発表した1946年4月に，アメリカ教育使節団報告書が，戦後日本の占領政策を担ったGHQ（連合軍総司令部）──制度をつくりかえる力をもった組織──から公表されます。アメリカ教育使節団とは，日本の教育に関する問題についてGHQと日本の教育者に助言および協議するために，GHQが米国陸軍省に要請して派遣されたアメリカの27名の教育者グループです。1946年3月いっぱい日本に派遣され，日本の教育者などと面談し，報告書を作成しました。この報告書にしたがって日本政府内に教

育刷新委員会が設置され，文部省はGHQとともに，報告書の勧告に沿って戦後教育改革をおこなっていきます。その結果として1947年の教育基本法制定や義務教育を小学校6年，中学校3年とする六三制，教育委員会制度などが実施されていきます。まさに制度をつくりかえていったわけです（図18）。

　そして，この報告書には以下のような部分があります。少し長いですが引用します。

　　　書かれた形の日本語は，学習上の恐るべき障害である。日本語はおおむね漢字で書かれるが，その漢字を覚えることが生徒にとって過重な負担となっていることは，ほとんどすべての識者が認めるところである。初等教育の期間を通じて，生徒たちは，文字を覚えたり書いたりすることだけに，勉強時間の大部分を割くことを要求される。教育のこの最初の期間に，広範にわたる有益な語学や数学の技術，自然界や人間社会についての基本的な知識などの習得に捧げられるべき時間が，こうした文字を覚えるための苦闘に空費されるのである。〔……〕

　　　本使節団の判断では，仮名よりもローマ字のほうに利が多いと思われる。さらに，ローマ字は民主主義的市民精神と国際的理解の成長に大いに役立つであろう。〔……〕

　　　この世に永久の平和をもたらしたいと願う思慮深い人々は，場所を問わず男女を問わず，国家の孤立性と排他性の精神を支える言語的支柱をできる限り崩し去る必要があるものと自覚している。ローマ字の採用は，国境を超えた知識や思想の伝達のために大きな貢献をすることになるであろう。（村井実全訳解説『アメリカ教育使節団報告書』講談社学術文庫，1979年，54，

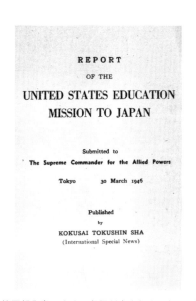

図18　アメリカ教育使節団報告書　すぐに翻訳が出されました。これは原文がついたもの。

57, 59頁）

　この文章がふくまれる一節は「Language Reform」と題されています。漢字学習に割かれる時間をほかの教育時間にあてよ，という主張は前島密のときからいわれていることです。ローマ字による日本語で制度を運営せよ，ということですが，さらに注目したいのは，「ローマ字は民主主義的市民精神と国際的理解の成長に大いに役立つであろう」とある点です。文字そのものがなにかを帯びているわけではないのですが，そうであるかのように思いこませてしまいます。しかしそれは，たとえば漢字に日本精神が宿る，といったような主張と同様，証明不可能なことです。

　日本語のローマ字化は実現にはいたりませんでしたが，戦前からつづく国語

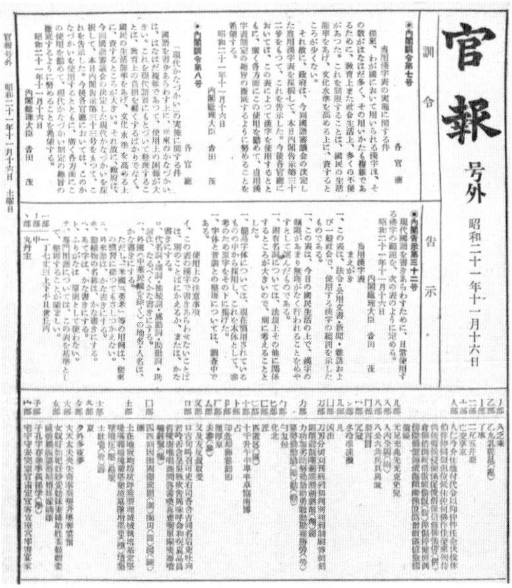

官報 号外 昭和二十一年十一月十六日

訓令

●内閣訓令第七号

當用漢字表の實施に関する件

各官廳

從來、わが國において用いられる漢字は、その數がはなはだ多く、その用いかたも複雜であるために、教育上また社會生活上、多くの不便があつた。これを制限することは、國民の生活能率をあげ、文化水準を高める上に、資するところが少くない。

それ故に、政府は、今回國語審議會の決定した當用漢字表を採擇して、本日内閣告示第三十二号をもつて、これを告示した。今後各官廳においては、この表によつて漢字を使用するとともに、廣く各方面にこの使用を勧めて、當用漢字表制定の趣旨の徹底するように努めることを希望する。

昭和二十一年十一月十六日

内閣總理大臣 吉田茂

●内閣訓令第八号

「現代かなづかい」の實施に関する件

各官廳

國語を書きあらわす上に、從來のかなづかいは、はなはだ複雜であつて、使用上の困難が大きい。これを現代語音にもとづいて整理することは、教育上の負擔を軽くするばかりでなく、國民の生活能率をあげ、文化水準を高める上に、資するところが大きい。それ故に、政府は、今回國語審議會の決定した現代かなづかいを採擇して、本日内閣告示第三十三号をもつて、これを告示した。今後各官廳においては、このかなづかいを使用するとともに、廣く各方面にこの使用を勧めて、現代かなづかい制定の趣旨の徹底するように努めることを希望する。

昭和二十一年十一月十六日

内閣總理大臣 吉田茂

告示

●内閣告示第三十二号

現代國語を書きあらわすために、日常使用する漢字の範囲を、次の表のように定める。

昭和二十一年十一月十六日

内閣總理大臣 吉田茂

當用漢字表

まえがき

一、この表は、法令・公用文書・新聞・雜誌および一般社會で、使用する漢字の範囲を示したものである。

一、この表は、今日の國民生活の上で、漢字の制限があまり無理がなく行われることをめやすとして選んだものである。

一、固有名詞については、法規上その他に関係するところが大きいので、別に考えることとした。

一、簡易字体については、現在慣用されているものの中から採用し、これを本体として、參考のため原字をその下に掲げた。

一、字体と音訓との整理については、調査中である。

使用上の注意事項

イ、この表の漢字で書きあらわせないことばは、別のことばにかえるか、または、かな書きにする。

ロ、代名詞・副詞・接続詞・感動詞・助動詞・助詞は、なるべくかな書きにする。

ハ、外國（中華民國を除く）の地名・人名は、かな書きにする。

ただし、「米國」「英米」等の用例は、從來の慣習に從つてもさしつかえない。

ニ、外來語は、かた書きにする。

ホ、動植物の名稱は、かな書きにする。

ヘ、あて字は、かな書きにする。

ト、ふりがなは、原則として使わない。

チ、專門用語については、この表を基準として、整理することが望ましい。

一部 一丁七丈三上下不且世丘丙

丨部 中

丶部 丸丹主

官報号外 昭和二十一年十一月十六日 土曜日

図19 『官報』号外（1946年11月16日） 当用漢字表, 現代かなづかいが内閣訓令として示されました。

審議会は敗戦後に活動を再開し, 戦前の標準漢字表の再検討をおこない, 文部省に1850字の当用漢字表を答申, 1946年11月に内閣告示・内閣訓令として公布されました。強い制約はありませんでしたが, 「当用」ということばが「さしあたり」という意味で用いられたように, ゆくゆくは漢字をなくしていくという方向をふくんだものでした。これが1981年に,「目安」を示すということで「常用」となり, 2010年の改定で常用漢字表は2136字となりました。また, 現行のものとほぼ同じである「現代かなづかい」も答申され, 1946年11月に内閣告示・内閣訓令として公布されています（図19）※2。

文部省学習指導要領の場合

　敗戦後，GHQの指導のもとで文部省はあらたな教科書の編纂作業に追われることになります。もちろん1945年9月からの新学期に間にあわせることは不可能なので，既存の教科書のなかから軍国主義的な記述を削除したもの——いわゆる「墨ぬり教科書」——の使用からはじめ，翌年には暫定教科書を，そして1947年度から新教科書を使用する計画でした。それと並行してGHQのCIE（民間情報教育局）所属の係官の主導のもとで作成されたのが『昭和二十二年度（試案）　学習指導要領　国語科編』（文部省，1947年12月20日発行）でした[3]。

　その「まえがき」では，「国語は，子どもの発達と，環境と，経験とのすべてに密接に結びついている」という簡素な説明があるのみです（1頁）。そして教育の目標について「これまで，国語科学習指導は，せまい教室内の技術として研究せられることが多く，きゅうくつな読解と，形式にとらわれた作文に終始したきらいがある。今後は，ことばを広い社会的手段として用いるような，要求と能力をやしなうことにつとめなければならない」（3頁）と設定します。「社会的手段」ということばからわかるように，制度としての「国語」に注目した書き方といってよいでしょう。1952年にGHQの占領が終わります。1958年の小学校学習指導要領の国語科の目標では「国語に対する関心や自覚をもつようにする」という文言が出てきますが，1968年のものになると「国語を尊重する態度を育てる」という文言が登場します。関心から尊重へ。ちょっと嫌な感じ

※2　詳しくは安田敏朗『国語審議会——迷走の60年』（講談社現代新書，2007年）を参照。なお，当用漢字・現代かなづかいの公布の直前，1946年11月3日に日本国憲法が公布されています。したがって，日本国憲法の表記はこれらに準拠していません。国立公文書館デジタルアーカイブ（https://www.digital.archives.go.jp/）で確認できます。

※3　復刻は，『文部省学習指導要領2　国語科編（1）』日本図書センター，1980年。

がしてきます。

　少しとんで、1998年のものには、両者を足した「国語に対する関心を深め国語を尊重する態度を育てる」とあります。2008年のものは同じで、2017年のものになると、「国語の大切さを自覚し、国語を尊重してその能力の向上を図る態度を養う」となっています。さほどこだわらなくてもよいのかもしれませんが、「尊重」が定着してきていることが気になります。

　これは小学校教育の話ですが、社会全体としても、国語には国民精神が宿るといった国語観が復活しているように思います。たとえば、文化審議会国語分科会（さかのぼれば国語調査委員会にいきつきます）の答申『これからの時代に求められる国語力について』（2004年2月）では国語を以下のように位置づけています。

　　国語は、長い歴史の中で形成されてきた国の文化の基盤を成すものであり、また、文化そのものでもある。国語の中の一つ一つの言葉には、それを用いてきた我々の先人の悲しみ、痛み、喜びなどの情感や感動が集積されている。我々の先人たちが築き上げてきた伝統的な文化を理解・継承し、新しい文化を創造・発展させるためにも国語は欠くことのできないものである。　　　　　　　　　　　　　　　　（文化庁ホームページによる）

　この答申を読んでいくと、1991年にはじまるバブル経済崩壊のあとの日本社会の「荒廃」、階層的分断を治癒するものとして国語をとらえていることがわかります。はたしてそんな力があるのでしょうか。説明不能な「国民的精神（国民精神）」、「国体の精華」をくりかえしていた時代と同じように思えます。幻想

に酔っているようにしか思えません[※4]。

　先に，保科孝一が1901年の著作で「国民的精神」が「国語」に宿ると主張していたことを紹介しましたが，保科が考える「国民的精神」もこういうものだったと思います。「先人」の「情感や感動」がこめられている，といわれてもあいまいです。「我々」とはなんであり，その「先人」にはだれがふくまれているのでしょうか。少なくとも，植民地で「国語」を学んだ人びとは最初から排除されているといってよいでしょう。ひとつの価値観のもとで国民として統合するという重要な役割が「国語」にあたえられているわけです。こうした「国語」観の窮屈さを感じてほしいです。

※4　詳しい批判は安田敏朗『統合原理としての国語——近代日本言語史再考 III』（三元社，2006年）
　　の序章を参照。

おわりに――「国語」から解き放たれるために

本書で私は「国語」という多くの人にとってはたんなる教科目名にすぎない
ものをあれこれと考えてきました。どのくらいいいたいことが伝わったのかは
わかりませんが，既存のものを疑ってみる，ということがものごとを考える第
一歩であるということはくりかえし述べておきます。しかし，そうした疑いを
もつには，一度その「型」の存在をきちんと把握しなくてはなりません。基本
的にはだれであれ，近代国民国家という大きな「型」のなかで成長せざるをえ
ない以上，その「型」から逃れることは簡単ではありません。

　問題は，教育をふくんだ国民国家の「型」のなかで育ってきたのである，と
いうことを自覚できるかどうかにかかっていると私は考えます。自分がくぐり
ぬけざるをえなかった「型」がどのようなものであったかを冷静にみつめなお
すこと。逃れることはできませんが，逃れようとすることはできると思います。
そうしたなかから，「型」をかえてみようとすることもできるでしょう。

　たとえば，制度としての「国語」と，「国民的精神が宿る」などとされる象徴
としての「国語」をきりはなしてみるとか。制度なのだから，上田万年は「ミ
ガキアゲ」といっていましたが，徹底的に簡単にし，合理化する。「国語」が制
度であるならば，国民以外にもひらかれていなければなりません。そしてひら
かれる以上はだれにでも平等なものでなければなりません。冒頭でみた，多言
語社会・日本における「国語」のあり方といってもよいでしょう。理性的で，
情緒は排するという姿勢です。あるいはシステムそのものの存在意義までふく
めて問いなおすことも必要かもしれません。

　そうすると，国民としての一体性や統合のあり方を考えなおす必要があるよ
うに思います。5章で少しだけ登場した詩人・金時鐘は，在日朝鮮人として日本
語で表現活動をおこなっています。そうした在日外国人の人びとのもつ歴史は

長いのですが，かれらにとって「国語」とはどういう存在であり，どういう意味をもつのか，ということも考えるべきでしょう。

　制度を補完するようなサブシステムを充実させることも考えてよいでしょう。多言語情報サービスなどもここにふくまれます。そこには手話などもふくめたいろいろなことばが，そして表記があってよいと思います。「片言の日本語」だって立派なサブシステムになります。象徴としてのことばは，もしそうしたものが必要ならば，それぞれの集団なりが大事にすればよいのではないでしょうか。たとえば，旧字体・旧かなづかいがすきな人たちは，それをもって象徴とすればよいわけであり，いまさら国民全体の知識として要求することはむずかしいでしょう。くりかえしますが「国民」としての単一な統合は不要である，と考えてみることも大切ではないかと思います。日本国憲法とは異なるかもしれませんが，ひとつの象徴は必要ない，ということです。

　本書を通じて「国語」という規範から解き放たれること（それは，日本の「国語」にかぎりません）を唱えつづけてきたつもりです。きちんと伝わっているといえる自信をもてないのが情けないのですが，こういうときには作家の力を臆面(おくめん)もなく借りるのが一番です。

　台湾で生まれ3歳から日本で生活している作家・温又柔(おんゆうじゅう)（1980年〜）の自伝的エッセイに『台湾生まれ　日本語育ち』があります（白水社，2016年。増補版は白水Uブックス，2018年)[※1]。この内容をよりわかりやすくしたのが『「国語」から旅立って』です。耳で聞きおぼえた断片的な台湾語や中国語も，そして台湾人の母の話す「ママ語」も，日本語も，成長していくなかですべてひっくるめて肯定していく過程がやわらかな筆致(ひっち)で描かれています。「わたしのことば」ということでしょう。そこに，国家とか国民精神などにからめとられな

い強さをみてもよいかもしれません。そして，このエッセイの最後にこのような部分があります。本書の伝えたいこともこれに尽きています。「国語」をつくってきた日本人の男たちが言ってきたこととのちがいをかみしめて読んでもらいたいです。

　　あなたを育みつつあることばが，あなたのことを支えはしても，あなたを貶（おと）めるようなことが決してありませんように。ことばに縛られるのではなく，ことばによってあなたを解き放つことができますように。あなたにとってのニホン語も，あなたがのびやかに生きるための力の源（みなもと）でありますように。(温又柔『「国語」から旅立って』新曜社，2019年，259頁，ふりがなは原文)

※1　台湾と日本の関係史をわかりやすく紹介したものに胎中千鶴『あなたとともに知る台湾』（清水書院，2019年）があります。

本書関連年表

年	政治・社会の動き	「国語」や教育に関するできごと，著作など
1866		前島密「漢字御廃止之議」を徳川慶喜に建白
1868	明治維新	
1870	電信開通（東京〜横浜）	
1871		文部省設置
1872	新橋〜横浜に鉄道開通	学制公布（〜79）
1873	徴兵令公布	"Education in Japan : a series of letters addressed by prominent Americans to Arinori Mori"（森有礼）。『まいにち　ひらかなしんぶんし』創刊。『文字之教』（福沢諭吉）
1874		『明六雑誌』発刊（〜75）
1879	琉球処分	学制廃止，教育令公布
1880		『沖縄対話』（沖縄県学務課）
1883		かなのくわい発足
1885	内閣制度発足	羅馬字会発足
1886		学校令公布。中等教育で国語及漢文科設置。チェンバレン，帝国大学で博言学を講じる（〜89）
1888		『方言改良論』（青田節）
1889	大日本帝国憲法公布	
1890	帝国議会開会	教育勅語発布。小学校令改正
1891		『言海』完成（大槻文彦）
1894	日清戦争（〜95）	「国語と国家と」（上田万年講演）
1895	下関条約。台湾領有	『国語のため』（上田万年）
1896		台湾で国語教育開始
1899	内地雑居開始	『福翁自伝』（福沢諭吉）
1900	義和団事件	小学校令改正，棒引かなづかい，国語科設置
1901		『国語教授法指針』（保科孝一）
1902		国語調査委員会官制公布
1904	日露戦争（〜05）	
1905		ローマ字ひろめ会発足。『音韻調査報告書』（国語調査委員会）。『仮名遣改定案』（文部省）
1906		『口語法調査報告書』（国語調査委員会）
1908		臨時仮名遣調査委員会設置。文部省，棒引かなづかい廃止，歴史的かなづかいにもどる
1909		日本のろーま字社発足
1910	韓国併合	
1911		第一次朝鮮教育令
1913		国語調査委員会廃止
1914	第一次世界大戦（〜18）	『ローマ字国字論』（田丸卓郎）
1916		『口語法』（国語調査委員会）

1918	シベリア出兵	
1919		台湾教育令
1920		仮名文字協会（22～カナモジカイ）発足
1921		臨時国語調査委員会官制公布。日本ローマ字会発足
1922		『カ ナ ノ ヒ カ リ』刊行開始
1923	関東大震災	
1925	治安維持法，普通選挙法公布	
1929	世界恐慌はじまる	
1930		国語協会発足（一旦休止するも37年再発足）
1931	満洲事変	
1932	「満洲国」建国	
1934		臨時国語調査委員会官制廃止。国語審議会官制公布
1937	盧溝橋事件。日中戦争はじまる	『国体の本義』（文部省）
1938	近衛文麿首相「東亜新秩序」声明	「満洲国」で新学制施行
1939		このころから敗戦にかけて，「東亜共通語」としての日本語論流行
1940		文部省図書局に国語課設置
1941	日米開戦	国民学校令施行
1942		国語審議会「標準漢字表」答申，『大東亜共栄圏と国語政策』（保科孝一）
1944	朝鮮で徴兵制実施	
1945	台湾で徴兵制実施。ポツダム宣言受諾，敗戦	
1946	日本国憲法公布	国語審議会「現代かなづかい」「当用漢字表」答申，政府は告示。アメリカ教育使節団来日，ローマ字採用を勧告
1947	日本国憲法施行	教育基本法，学校教育法公布
1950	朝鮮戦争勃発（～53）	
1952	サンフランシスコ平和条約発効	
1953	NHK，民放テレビ本放送開始	
1954		国語審議会「標準語のために」を文部大臣に報告
1964	東海道新幹線開通	
1968		文化庁設置
1972	沖縄返還	
1981		常用漢字表（内閣告示）
1986		現代仮名遣い（内閣告示）
2010		常用漢字表改定（内閣告示）

安田敏朗『「国語」の近代史』（中公新書，2006年）巻末年表参考

図版出典

図1　「和蘭訳文畧艸稿」早稲田大学図書館所蔵

図2　『沖縄対話　上』沖縄県学務部, 1880年, 12丁裏（国立国会図書館デジタルコレクション）

図3　曽我部信雄・宮地森城編『小学中等作文稽古本』梅原亀七発行, 巻3, 1883年, 3丁裏

図4　国立国会図書館　電子展示会「近代日本人の肖像」

図5　国立国会図書館　電子展示会「近代日本人の肖像」

図6　老川慶喜『日本鉄道史　幕末・明治篇』中公新書, 2014年, 127頁（*A History of Japanese railways 1872-1999*にもとづく）

図7　『兵器用語集（其ノ一）』陸軍省, 1940年, 3頁, アジア歴史資料センター公開／防衛省防衛研究所蔵（吉田澄夫・井之口有一編『明治以降国語問題諸案集成　語彙・用語・辞典編国語問題と教育編』風間書房, 1972年, 192頁）

図8　国立国会図書館　電子展示会「近代日本人の肖像」

図9　毎日新聞社

図10　村上新之助『新刊速記術教授書』東京速記術協会, 1905年, 28頁（国立国会図書館デジタルコレクション）

図11　社団法人福沢諭吉協会編纂『草稿　福翁自伝』大空社, 1980年より転載

図12　朝日新聞社

図13　台湾総督府民政部学務課編『台湾教科用書国民読本　六』台湾総督府, 1901年, 筑波大学附属図書館所蔵（復刻, 『日治時期台湾公学校国民学校国語読本　第一期』南天書局, 2003年）

図14　朝日新聞社（朝日新聞社編輯『写真報道　戦ふ朝鮮』朝日新聞社, 1945年, 18頁／宮田浩人編集・解説『復刻・戦ふ朝鮮』新幹社, 2007年, 30頁）

図15　平松誉資事『大東亜共通語としての日本語教授の建設』光昭会, 1942年, 73頁より転載

図16　『学校令及学校規定』満洲国民生部教育司, 1937年

図17　『カナ ノ ヒカリ』7号, 1922年8月20日発行, 1頁（部分）。

図18　国際特信社編輯局訳『マックアーサー司令部公表　米国教育使節団報告書』国際特信社, 1946年

図19　『官報』号外, 1946年11月16日（国立国会図書館デジタルコレクション）

国立国会図書館デジタルコレクション　https://dl.ndl.go.jp/

国立国会図書館　電子展示会「近代日本人の肖像」　https://www.ndl.go.jp/portrait/index.
html

著者

安田　敏朗
やすだ　としあき

1968年生。東京大学大学院総合文化研究科博士課程学位取得修了。現在一橋大学大学院言語社会研究科教授。専攻は近代日本言語史。

主要著書

『植民地のなかの「国語学」―時枝誠記と京城帝国大学をめぐって』（三元社, 1997年）

『「言語」の構築―小倉進平と植民地朝鮮』（三元社, 1999年）

『〈国語〉と〈方言〉のあいだ―言語構築の政治学』（人文書院, 1999年）

『「国語」の近代史―帝国日本と国語学者たち』（中公新書, 2006年）

『辞書の政治学―ことばの規範とはなにか』（平凡社, 2006年）

『金田一京助と日本語の近代』（平凡社新書, 2008年）

『漢字廃止の思想史』（平凡社, 2016年）

『大槻文彦『言海』―辞書と日本の近代』（慶應義塾大学出版会, 2018年）ほか

編 集 委 員

歴史総合パートナーズ⑫

「国語」ってなんだろう

定価はカバーに表示

2020年7月3日　初　版　第1刷発行

著　者　安田　敏朗
発行者　野村　久一郎
印刷所　法規書籍印刷株式会社
発行所　株式会社　清水書院
　　　　〒102-0072
　　　　東京都千代田区飯田橋3-11-6
　　　　電話　03-5213-7151㈹
　　　　FAX　03-5213-7160
　　　　http://www.shimizushoin.co.jp

カバー・本文基本デザイン／タクティクス株式会社／株式会社ベルズ
乱丁・落丁本はお取り替えします。　　　ISBN978-4-389-50126-6

歴史総合パートナーズ

以下続刊